월 300만 원 버는 주식 투자 공식

미국 ETF 투자로 평생 월급 받는 법

KB191536

월 300만 원 버는
주식 투자 공식

초판 1쇄 인쇄 | 2024년 10월 7일
초판 4쇄 발행 | 2025년 2월 10일

지은이 | 진서빈

발행인 | 정병철
발행처 | ㈜이든하우스출판
등　록 | 2021년 5월 7일 제2021-000134호
투　자 | 김준수
홍　보 | 장하일
디자인 | 스튜디오41

주　소 | 서울시 마포구 양화로 133 서교타워 1201호
전　화 | 02-323-1410
팩　스 | 02-6499-1411
이메일 | eden@knomad.co.kr
ISBN | 979-11-985641-8-4 (03320)

ETF 투자 전문 유튜버 **광화문금융러**가 전하는
가장 현실적이고 누구나 실현 가능한 배당주 투자 공식

월 300만 원 버는
주식 투자 공식

| 진서빈 지음 |

EDEN
HOUSE

✔ 차례

1장 왜 주식 투자인가?

2장 수익보다 중요한 절세

3장 안정적인 수익을 위한 투자 공식

저는 스물세 살에 처음으로 주식 투자를 시작했습니다. 시작은 다른 사람들과 다르지 않았습니다. 뉴스에서는 연일 내 집 마련이 어려울 것이라는 비관적인 소식만 보도되고, 소위 금수저가 아니었던 저는 온전히 스스로 집을 마련해야 했기에 두려웠고 막막했습니다. 뭐라도 해야 한다는 조급함이 들기 시작했고 그때부터 책을 찾기 시작했습니다. 온갖 투자에 대해 공부하며 준비했습니다. 시작은 주식 투자였습니다. 어느 정도 준비가 됐다는 생각이 들자 호기롭게 투자 시장에 뛰어들었지만, 당시 학생이었던 제가 자본금이 있으면 얼마나 있었을까요. 당연히 큰돈을 벌지 못했고 그렇게 스물일곱이 되었습니다.

그때부터 현실을 자각했던 것 같습니다. 더 늦기 전에 취업이

나 제대로 해야겠다는 생각에 남들이 모두 부러워하는 금융권에 들어갔지만, 기대와 달리 현실은 크게 변하지 않았습니다. 여전히 선배들은 돈 때문에 고민했습니다. 내용을 들어 보니 저와 크게 다르지 않았습니다. 선배들은 저보다 연봉이 훨씬 많았지만 여전히 생활비나 교육비에 허덕이고 있었습니다. 취업을 하면 돈 걱정은 안 할 것이라는 어린 시절의 막연한 생각은 틀렸습니다. 그 후로 저는 다시 주식 투자를 해야겠다고 다짐했습니다.

월급을 받으니 학생 때와는 다르게 일정 금액의 투자금이 생겼습니다. 이제는 책이 아닌 강의에 눈을 돌려 정보를 찾았습니다. 시간당 150만 원이 넘는 차트 분석 과외를 받으면서 투자 공부를 했습니다. 그렇게 2년 동안 주식에 투자를 했고, 수익률을 계산해 보니 0.3%가 나오더군요. 손실을 본 것은 아니었지만 직장을 다니며 부업으로 취업 강의를 하면서도 새벽 두세 시까지 열심히 공부한 결과치고는 탐탁지 않았습니다. 주식 공부만 8년이나 했는데 뭔가 잘못됐나 싶었습니다.

생각의 전환이 필요했습니다. 한 달 정도 아무것도 하지 않으며 시간을 보내는데 갑자기 장기간 우상향하는 S&P 500 지수의 차트가 머릿속에 떠올랐습니다. 이렇게 주식 시장은 우상향했는데 왜 나는 수익을 내지 못했을까 헛웃음이 났습니다. 그리고 누구나 수익을 낼 수 있는 합리적인 투자를 고민했습니다.

강의를 하면서 수강생들에게 주식 투자에서 돈을 잃는 이유가 무엇이냐고 질문하면 대부분 공부를 제대로 안 하고 성급하게 투자했기 때문이라고 대답합니다. 하지만 제 생각은 좀 다릅니다. 우리가 주식 투자로 돈을 잃는 가장 명확한 이유는 내가 산 주식이 오를지 안 오를지 모르고 투자하기 때문입니다. 아무리 비싸고 좋은 강의를 듣고 투자의 귀재가 쓴 책을 읽어도 오를지 안 오를지 모르는 주식을 사기 때문에 투자에 실패합니다. 그렇다면 우리는 투자의 방향성부터 제대로 돌아볼 필요가 있습니다.

그런 깨달음에 다다르자, 서른다섯 살이 되던 해 저는 모두가 부러워하던 직장에서 퇴사했습니다. 그 당시 제 아내는 임신 중이었습니다. 제게는 도움이 필요한 아내와 곧 태어날 아이가 있었습니다. 한 가정을 온전히 책임져야 하는 가장임에도 불구하고 직장을 그만두고 투자에만 집중할 수 있었던 이유는 노동하지 않고 발생하는 현금 흐름 덕분이었습니다. 그동안 여러 번 투자에 실패하면서 흔들리지 않는 투자관을 만들었습니다. 실제로 많은 투자자들이 힘들어했던 2022년 자산 시장 하락기에는 저만의 투자 철학이 빛을 발하기도 했습니다.

유튜브와 강의를 진행하면서 재테크 관련 전문가들을 100여명 넘게 만났습니다. 그들과 이야기를 나누면서 제가 하나만큼은 독보적인 것이 있었는데, 바로 물리적인 시간의 양이었습니다. 가족과 보내는 시간은 제가 단연 1등이었습니다. 저보다 가족 여행을 많이 다니는 사람은 아무도 없었습니다. 그것은 무엇을 의미할까요? 저에게 시간의 여유가 있다는 뜻이고, 이런 여유는 일하지 않아도 발생하는 소득이 있기 때문에 가능한 것입니다.

현대 사회에서 돈은 곧 시간과 같습니다. 저는 투자를 통해 돈보다 귀한 시간을 얻었습니다. 이 책을 통해 독자들이 얻길 바라는 것도 시간의 자유입니다. 가족과 보내는 시간이든 나 혼자만의 시간이든 무엇이라도 좋습니다. 시간에 쫓겨 일만 하는 삶이 아니라, 스스로 직접 운용하고 누리는 시간을 얻길 바라는 마음으로 책을 썼습니다.

더불어 이 책을 통해 얻을 수 있는 네 가지를 소개하고자 합니다. 첫째는 누구나 월 300만 원이라는 현금 흐름을 만들 수 있는 투자법을 얻을 수 있습니다. 이리저리 시류에 휩쓸리는 단기성 정보가 아니라 오랜 시간이 지나서 다시 책을 펼쳐도 적용할 수 있도록 가장 근본적이고, 수치로 입증된 정보만을 공유할 것입니다. 엄청난 운이 있거나 특별한 능력이 있는 소수의 사람들이 아니라, 말 그대로 누구나 성공할 수 있는 투자 방법을 전달하겠습니다. 지금 이 책을 읽고 있는 여러분도 가능하다는 의미입니다. 제가 해냈다면 여러분도 할 수 있습니다.

그렇다면 왜 200만 원도 아니고, 400만 원도 아닌 300만 원일까요? 제게 한 달에 300만 원의 현금은 경제적 자유의 시작이자, 실현 가능한 목표였습니다. 월 300만 원이 현실이 된다면 감당할 수 있는 리스크가 커지고, 어떤 어려움이 오더라도 버틸 수 있는 에너지를 얻을 수 있습니다. 자본주의 사회에서 멘털은 돈과 연결됩니다. 어떤 환경에서도 스스로 삶을 지킬 수 있도록 무기를 쥐어야 합니다. 우리를 지켜 줄 무기가 바로 300만 원의 현금이 될 것입니다.

이 책은 주식 투자에 대해 아무것도 모르는 초보자들을 위한 안내서입니다. 그 말은 '누구나'라는 키워드와 연결되는데, 누구나 따라 할 수 있도록 아주 쉽고 간단하다는 뜻입니다. 여기서 필요한 것은 딱 두 가지입니다. 바로 실행력과 인내심입니다. 책을 읽고 정보를 수집하고 움직여서 실행만 하면 됩니다. 그 과정에서 인내심이 필요합니다. 어떠한 감언이설이나 함정에도 넘어가지 않고 자신이 계획한 것들을 뚝심 있게 실행하는 것입니다.

둘째로 자산이 쌓이는 시스템을 탄탄하게 구축할 수 있습니다. 자산이 쌓이는 시스템이란 거창하지 않습니다. 투자 목표를 세우고, 좋은 투자를 하고, 최대한 절세하여 수익을 늘리고 지출을 줄이면 됩니다. 이제부터 찬찬히 시스템을 구축해 나갈 수 있도록 방법을 제시해 드리겠습니다.

셋째로 행복한 인생을 위한 선순환을 만들 수 있습니다. 앞서 언급한 시스템이란 내 자산이 우상향한다는 의미입니다. 현재 내 자산이 우상향하고 있고, 앞으로도 그럴 것이라는 확신을 얻을 수 있다면 결국 내 인생도 우상향하게 됩니다. 단순히 희망 회로를 돌리는 것과는 다릅니다. 성공 여부가 불투명한 상황에서 의지와 응원을 계속 불어넣기만 하는 게 아니라, 시도하면 시도할수록 성공을 경험하고 그로 인해 삶의 통제권을 갖고 확신을 얻는 것입니다. 이 두 가지는 앞으로 계속해서 나아갈 수 있는 지속 가능성의 여부에서 큰 차이가 납니다. 희망 회로만으로는 끝까지 지속할 수 없고 결국 도태되고 맙니다.

　마지막으로 내 삶의 주인공이 될 것입니다. 스스로 자기 삶의 주인공으로 살고 있는지 자문해 본 적이 있으신가요? 내가 내 시간과 돈의 주인이 되어 온전히 내 의지대로 사용하고 있으신가요? 안타깝게도 대부분의 사람들은 그러지 못할 것입니다. 저도 마찬가지였습니다. 미래가 보이지 않는 쳇바퀴만 도는 삶에서 벗어나서 한 번쯤은 인생의 주인이 되고 싶었습니다. 하루의 시작과 끝을 일만 하면서 보내고 싶지는 않았습니다. 사랑하는 가족과 좀 더 많은 시간을 함께하고 싶었습니다.

　저는 제가 원하는 대로 살고 싶다는 간절한 바람으로 투자를 시작했습니다. 온갖 가짜 뉴스와 잘못된 정보와 유혹 들이 난무하는 세상에 휘둘리지 않고 나만의 투자 기준을 가지겠다고 다짐했다면 성공적인 투자를 위한 마인드셋이 완료됐습니다. 이제 여러분의 첫 투자를 위해 제가 함께하겠습니다.

1장

왜 주식 투자인가?

강남 아파트 VS 주식

여러분은 왜 주식 투자를 시작하려고 하시나요? 우선 저부터 대답해 보겠습니다. 솔직히 고백하자면 저는 부동산 투자를 할 만큼의 돈이 없어서 주식 투자를 시작했습니다. 때는 2009년이었습니다. 도서관에서 신문을 보는데 서울의 어지간한 아파트 가격이 4, 5억 원으로 올랐다는 기사가 눈에 띄었습니다. 평소 같았으면 그냥 지나칠 수도 있었습니다. 예나 지금이나 서울 아파트 가격이 비싼 건 하루 이틀 일이 아니었으니까요. 그런데 당시에 취업한 선배가 한턱내겠다며 학교에 온 적이 있었습니다. 선배의 연봉이 3000만 원이라고 했습니다. 2009년에 3000만 원은 대기업에서도 꽤 높은 수준의 연봉이었습니다. '취업을 잘하면 이정도 연봉을 받는구나' 하고 처음 체감했습니다.

그런데 그토록 높은 연봉에 비해 아파트 가격이 너무 비싸게 보였습니다. 3000만 원을 한 푼도 쓰지 않고 전부 저축해도 서울 아파트를 사려면 15년 이상 걸린다는 사실에 놀랐습니다. 취업만 잘하면 무난한 아파트 정도는 수월하게 장만할 수 있을 것이라고 생각했는데 막연한 기대가 깨지는 순간이었습니다. 이제는 더 이상 일만 열심히 해서 내 집을 마련했던 우리 부모님 세대처럼 살 수 없는 시대가 된 것입니다.

제 기억이 왜곡되지는 않았는지 궁금해져서 데이터를 찾아봤습니다. 평범한 사람들은 소득의 일부를 차곡차곡 모으고, 여기에 대출을 받아 집을 사기 때문에 소득 대비 집값이 중요합니다. 이와 관련된 지표가 바로 PIR 지수입니다. PIR 지수는 주택 가격과 소득의 비율을 나타냅니다. 아파트 가격이 10억 원이고 부부의 연 소득이 1억 원이라면 PIR 값은 10이 나오게 됩니다. 따라서 PIR 지수가 클수록 소득 대비 집값이 비싸다는 의미이고, 반대로 PIR 지수가 작을수록 소득 대비 집값이 저렴하다는 것을 의미합니다.

사람에 따라 소득이 다르고, 집값도 다르기 때문에 소득 수준과 주택 가격에 구분이 필요합니다. 이걸 각각 5개의 구간으로 구분할 수 있습니다. 값이 가장 작은 1분위부터 값이 가장 큰 5분위까지 매깁니다. 그리고 중간 소득(3분위)의 가구에서 중간 가격(3분위)의 주택을 매수할 때 PIR 지수를 확인했습니다. 2009년 PIR 지수는 평균 11.9입니다. 즉 2009년에 평범한 가정에서 보통 가격의 주택을 매수하려면 소득의 11.9배를 주택 가격으로 지불해야 했습니다.

요즘은 어떨까요? 2022년 집값 상승기에 PIR 지수는 19까지 상승했습니다. 무려 한 가구가 연 소득을 한 푼도 쓰지 않고 19년 동안 모아야 집 한 채를 살 수 있었습니다. 지금은 2009년과 크게 차이가 없습니다. 우리가 체감하는 서울 아파트 가격은 예나 지금 이나 비싼 것이 사실입니다. 만약 여러분들이 비싼 집값 때문에 내 집 마련이나 부동산 투자를 못 하고 계시다면 요즘 집값이 갑자기 올라서가 아닙니다. 원래부터 그랬습니다. 그리고 종잣돈을 좀 더 효율적으로 모으고 싶어 주식 투자를 고민하고 계시다면 저의 시 작도 여러분과 똑같았다고 말씀드릴 수 있습니다.

이쯤에서 한 가지 생각해 볼 것이 있습니다. 마치 부동산 투 자는 궁극적으로 추구해야 하는 투자의 '끝판왕' 같은 느낌이고, 반대로 주식 투자는 소액 투자자가 어쩔 수 없이 선택하는 투자 라는 인식이 깔려 있다는 것입니다. 만약 부동산을 매수하는 게 내 집 마련의 목적에만 있다면 충분히 그럴 수 있습니다. 누구에 게나 내 집 마련은 필요하기 때문입니다. 하지만 유독 우리나라 에서는 성과를 내는 제대로 된 투자가 하고 싶다면 부동산 투자 를 해야 한다고 생각합니다.

곰곰이 생각해 보면 참 이상합니다. 워런 버핏, 피터 린치, 그리 고 앙드레 코스톨라니까지 주식 투자를 해 보지 않은 분들이라도 익숙한 이름이 보이실 겁니다. 모두 주식 투자로 큰 성공을 거두어 유명해진 투자의 대가들입니다. 이처럼 전 세계적인 투자의 대가는 대부분 주식 투자자입니다. 그럼에도 주식 투자라고 하면 수익이 날지 손실이 날지 확실하지 않은 불안한 투자로 인식되는 경우가 많습니다. 실제로 주변을 둘러보아도 부동산 투자로 성공한 지인은 한두 명쯤 쉽게 찾아볼 수 있는데, 주식 투자로 성공한 사람은 찾아보기 힘든 현실이 이런 생각을 더욱 뒷받침하기도 합니다.

그렇다면 왜 주식 투자로 돈을 버는 사람이 이토록 적은 걸까요? 한 문장으로 요약하자면 강남 아파트 같은 주식을 사지 않아서 주식 투자에 실패합니다. 제 오랜 기간 동안의 투자 경험과 수많은 구독자, 수강생 들을 만나면서 내린 결론입니다. 여기서 오해하면 안 되는 것이 강남 아파트가 가장 좋은 자산이라고 생각해서 강남 아파트에 비유한 것이 아닙니다. 보통 사람들의 인식이 그렇다는 것입니다.

강남 아파트를 바라보는 사람들의 인식

1. 살 수만 있다면 더 많이 사서 모으고 싶은 자산
2. 큰 문제가 없다면 가급적 팔고 싶지 않은 자산(가능하다면 증여까지 하고 싶은 자산)
3. 내가 산 가격보다 가격이 하락해도 결국 가격이 상승할 것이라는 믿음이 있는 자산

1. 매수와 동시에 언제 팔아야 할지 고민하는 자산
2. 익절(주식 투자에서 주식을 매도하고 수익을 내는 것)은 언제나 옳다며 조금이라도 수익이 나면 바로 팔아 버리는 자산
3. 내가 매수한 가격보다 가격이 하락하면 더 하락할까 봐 두려워 손실을 보더라도 팔아 버리는 자산

    강남 아파트와 주식 투자를 바라보는 인식에 공감하시나요? 예를 들어 회사에 출근했는데 옆 팀의 동기가 "나 어제 강남 아파트 계약하고 왔어"라고 메시지를 보냈다면 보통 무슨 생각이 들까요? '부럽다'라는 세 글자 안에 모든 감정이 녹아 있을 것입니다. 신축인지 아닌지, 지금 부동산 시장이 거품인지 아닌지는 차치하고 가장 먼저 부러움과 질투를 느낍니다. 하지만 "나 어제 A 전자 주식 10억 원어치 매수했어"라고 메시지를 보냈다면 어떨까요? 여러분은 뭐라고 답장을 하시겠습니까? 너무 위험하지는 않은지, 조금이라도 오르면 얼른 팔라며 진심 어린 걱정을 담아 조언을 하지는 않을까요?

    알게 모르게 부동산 투자와 주식 투자를 대하는 태도가 다르다는 것을 알 수 있습니다. 그렇다면 이런 인식의 차이는 어디에서부터 시작된 걸까요? 바로 강남 아파트는 장기간 우상향할 것

이라는 일반적인 확신입니다. 이 확신은 장기간 가격이 상승한 경험이 실제로 쌓이면서 확립된 것입니다.

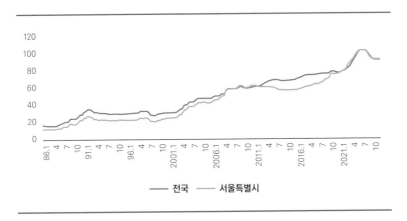

위 그래프는 2022년 1월의 서울 아파트 가격을 100이라고 했을 때 아파트 가격 추이를 표시한 통계입니다. 우리가 일반적으로 '아파트 매매 가격 지수'라고 부르는 수치인데요. 이 그래프를 보면 1986년 1월 전국 아파트 매매 가격 지수는 15.9, 서울 아파트 매매 가격 지수는 12.6에서 시작했습니다. 그리고 2024년 6월 말 전국 아파트 매매 가격 지수는 89.3, 서울 아파트 매매 가격 지수는 90.1에 이르렀습니다. 평균적으로 6배에서 7배가 된 것입니다. 추이를 보아도 꾸준히 계속해서 상승했습니다.

사람들에게 부동산 불패 신화를 머릿속에 주입시킨 것은 단순하게 가격이 우상향했기 때문만은 아닙니다. 오랜 기간의 하락기도 있었습니다. 그럼에도 아파트 가격은 다시 올랐고, 하락하기 전 가격을 뚫었습니다. 요즘 들어 특히 주목받는 서울 아파트 매매 가격 지수는 2008년 9월 단기 고점인 60.8을 찍은 이후, 2016년 9월까지 60.8을 넘지 못했습니다. 하지만 아파트 가격이 다시 크게 반등하면서 2024년 6월에 90.2를 기록했습니다. 하락기를 겪고 이를 극복한 경험들로 인해 부동산 투자를 더욱 신뢰하게 된 것입니다.

우리는 아파트라면 서울 아파트, 그중에서도 강남 아파트를 선망합니다. 대한민국의 중심 도시인 서울에서도 강남의 학군과 인프라가 특히 좋기 때문에 투자하고 싶다는 논리입니다. 하지만 복잡하게 생각할 것 없이 가장 명확한 이유는 결국 아파트 가격이 가장 많이 상승했기 때문입니다.

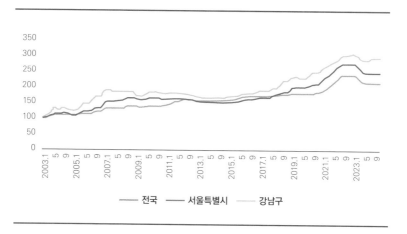

이 그래프는 2003년 1월을 기준으로 아파트 가격을 100으로 놓았을 때의 가격 추이를 나타낸 그래프입니다. 전국, 서울, 강남으로 지역을 나누어 가격 차이를 살펴보았습니다. 지역과 상관없이 모든 아파트 가격이 상승한 것을 확인할 수 있습니다. 가격 상승률은 강남, 서울, 전국 순서였습니다. 우리가 부동산 투자를 안전하다고 느끼는 이유는 아주 간단합니다. 앞에서 보는 것처럼 장기간 우상향했기 때문입니다.

좀 더 엄밀히 말하자면 부동산 가격이 하락했던 하락장의 시기도 있었지만 그럼에도 불구하고 가격이 상승했기 때문입니다. 그래서 단기간에 가격이 하락하면 소위 '줍줍(저렴해진 가격에 매수하는 것)'의 기회로 삼을 수 있었고요. 가격이 하락했다고 해서 매도를 고민하지 않고 버팁니다. 이렇게 버티다 보면 결국 내가 산 가격보다 상승하기 때문에 부동산으로 투자금을 잃는 사람이 적습니다.

하지만 주식 투자를 할 때는 장기간 우상향할 종목에 대해서 고민을 하지 않습니다. 어떻게 해서든 단기간에 큰 수익을 내는 투자를 하는 데 급급합니다. 그래서 매수할 때부터 목표가를 정해 두고 얼마에 팔지 결정합니다. 주가가 하락할 때도 마찬가지입니다. 주가가 하락하면 손실을 보더라도 쉽게 매도합니다. 부동산 투자를 할 때와는 투자 방식이 전혀 다릅니다. 그리고 이런 투자 방식의 차이 때문에 부동산 투자자와 주식 투자자의 장기 성과에 결정적인 차이가 발생합니다.

그렇다면 이런 궁금증이 생깁니다. '강남 부동산처럼 투자할 수 있는 주식 투자 종목은 없을까?' 맞습니다. 우리는 강남 부동산처럼 투자할 수 있는 종목을 찾아야 합니다. 강남 부동산 같은 투자 종목이란 단기간에 주가가 하락하더라도 결국 우상향하는 종목입니다. A라는 주식을 1만 원에 매수했다고 가정해 보겠습니다. 주가가 오를 것이라고 생각해서 매수했지만 언제나 그렇듯 나의 예상과 달리 주가는 하락합니다. 매일 아침 9시가 되어 주식 시장이 열리면 일하다 말고 화장실로 사라집니다. 오늘은 얼마까지 떨어질지 걱정되어 일이 손에 잡히지 않습니다. 네이버 종목 게시판에 들어가면 더 크게 손실을 보지 말고 지금이라도 팔라는 글이 눈에 띕니다.

분명 매수하기 전에는 우량 기업처럼 보였는데 막상 매수하고 나면 온갖 악재로 가득한 종목으로 보입니다. 그래서 손실을 보고 팔고요. 그런데 참 이상하게도 내가 팔면 꼭 오릅니다. 이번에는 다른 가정을 해 보겠습니다. 똑같이 A라는 주식을 1만 원에 매수했습니다. 주가가 오를 것이라는 기대감도 있었지만 하락해도 결국 내가 산 가격보다 오를 것이라는 확신이 있습니다. 앞에서와 마찬가지로 주가가 9000원, 8000원으로 하락합니다. 하지만 이번에는 지금이라도 매도할지 고민하기보다 저가로 매수할 수 있는 기회라고 생각하며 한 주라도 더 사고 싶어집니다.

왜냐하면 결국 내가 산 1만 원보다 가격이 오를 것이기 때문입니다. 9000원에 매수하면 수익률이 11%이고, 8000원에 매수하면 수익률이 25%입니다. 내가 산 가격보다 주가가 하락하면 좀 더 매수하고, 기다린 후에 결국 수익을 내는 구조입니다. 이처럼 가격이 하락하면 급하게 파는 게 아니라 더 사고 싶어지는 강남 아파트 같은 주식을 매수해야 합니다. 그렇다면 과연 강남 아파트 같은 주식이 정말로 존재할까요?

대한민국 아파트와 미국 주식 비교표

	전국	서울	강남	미국 주식
2003년	110	112	127	130
2004년	109	111	123	142
2005년	115	121	146	146
2006년	131	150	186	166
2007년	134	155	184	172
2008년	137	160	170	106
2009년	139	165	181	130
2010년	143	161	178	147
2011년	157	160	177	147
2012년	156	153	166	167
2013년	157	150	164	216
2014년	161	152	168	241
2015년	169	160	179	239
2016년	171	167	189	262
2017년	174	176	201	312

2018년	179	200	231	293
2019년	178	206	241	378
2020년	196	232	264	439
2021년	235	271	297	557
2022년	228	263	296	449
2023년	212	246	290	557
2024년 6월	210	245	291	638
연평균	3.52%	4.25%	5.09%	9.00%

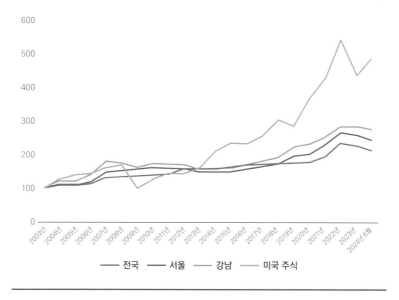

전국 　서울 　강남 　미국 주식

　　2002년 1월부터 전국, 서울, 강남 아파트의 매매 가격 지수
와 미국 주식 시장을 대표하는 지수인 S&P 500 지수를 비교했

습니다. 2003년 1월 각 지수의 값을 100이라고 설정하고 비교한 그래프입니다. 부동산 가격도 꾸준히 상승했지만 S&P 500 지수의 성장률이 눈에 띕니다. 2003년부터 2024년 6월까지 미국 주식의 연평균 수익률은 9.00%나 됩니다. 그리고 모두가 보유하고 싶어 하는 강남 부동산의 연평균 수익률은 5.09%입니다. 미국 주식의 수익률이 강남의 부동산 수익률보다 훨씬 높습니다.

이렇게 비교하면 부동산은 보통 대출을 끼고 사기 때문에 사실상 부동산의 수익률이 더 높다고 말할 수 있습니다. 맞습니다. 우리나라만의 특성인 전세 제도의 존재와 주거 대출의 용이성 덕분에 부동산은 '레버리지'를 활용하기 좋습니다. 하지만 미국 주식에 투자하면 절세 혜택을 최대한으로 누리면서 효율적으로 현금 흐름을 창출할 수 있습니다.

즉 부동산 투자에서 레버리지를 활용하는 것이 더 큰 수익을 만드는 방법이라면, 미국 주식은 절세 혜택을 충분히 활용하면서 이 책의 최종 목표인 안정적인 현금 흐름을 만들 수 있습니다. 여기서 기억해야 할 점은 S&P 500 지수가 강남 부동산만큼이나 장기간 우상향한 역사가 있다는 것입니다. 따라서 주식 투자를 하면서 부동산 투자만큼의 유의미한 성과를 내기 위해서는 S&P 500 지수와 같이 장기간 우상향하는 종목을 매수해야 합니다.

이런 사실을 알면서도 많은 주식 투자자들이 강남 아파트 같은 주식을 매수하려고 하지 않습니다. 이를 입증하기 위해서 현재 여러분이 주식 투자를 어떤 방식으로 접근하고 있는지 체크해 보겠습니다. "투자는 매매 차익을 크게 내는 게 중요해", "주식으로 단기간에 큰돈을 벌 수 있어" "투자는 독점 기업이면서 성장 기업인 곳에 우선적으로 해야지" 등등의 말이 익숙하실 겁니다. 기본적인 상식이라고 알려져 있는 내용입니다. 하지만 이 이야기에 정말로 동의하시나요? 책이나 온라인, 혹은 강의에서 주입시키듯 머리에 넣어 준 내용은 아닌가요? 우리가 기존에 맞다고 알고 있는 투자 방식들은 대부분 엄청난 운이나 특별한 능력이 있어야 큰 성과를 낼 수 있습니다.

한때 제가 무척 매수하고 싶었지만 도저히 주가가 하락하지 않아서 매수하지 못했던 한국전력이라는 종목을 가지고 이야기해 보겠습니다. 약 10년 전, 한국전력은 우리나라에서 주식 투자를 좀 한다고 하는 사람들이 좋아했던 종목이었습니다. 투자 아이디어는 매우 매력적이었습니다. 전기차 관련 종목이 사람들의 관심을 받기 시작한 것이 2020년쯤으로 알고 있지만, 사실은 2010년 부근부터 전기차 시대로의 전환은 이미 예고되어 있었습니다.

따라서 전기차 시대로의 전환이 이루어지면 전력 소비량은 증가할 수밖에 없고, 자연스럽게 국내 유일한 전력 생산 기업인 한국전력은 최대 수혜주로 꼽혔습니다. 그 덕분에 한국전력의 주가는 2012년에 2만 5300원으로 시작하여 2016년에 6만 3700원으로 최고가를 달성하게 됩니다. 그리고 실제로 사람들의 예상처럼 2019년 하반기에 테슬라가 인도되기 시작하면서 우리나라도 본격적인 전기차 시대가 시작되었습니다. 그 이후로 주가는 더 크게 상승했을까요? 그렇지 않습니다. 한국전력의 주가는 현재 1만 9720원 부근에 형성되어 있습니다. 투자자들의 예상대로 전기차 시대가 도래했고, 여전히 한국전력은 국내에서 유일하게 전력을 생산하고 공급하는 기업이지만 주가는 사람들의 기대와 달리 곤두박질쳤습니다.

CJ의 CGV도 이야기해 보려고 합니다. 국내 영화관 산업은 영화 〈아바타〉의 폭발적인 성공 이후 크게 발전했습니다. 3D 안경을 쓰는 것도 부족해서 영화 속에서 비가 오면 실제로 물이 떨어지고, 바람이 불면 목 뒤에서 바람이 나오는 4D 서비스까지 이전에는 해 보지 못한 새로운 경험을 제공하는 공간이 되었습니다. 그래서 넷플릭스 같은 OTT 서비스가 시작되어도 영화관 산업에 영향을 주지 못할 것이라는 전망이 지배적이었습니다. 하지만 결과는 어떻게 되었나요?

전 국민의 문화생활을 책임졌던 영화관을 찾는 발길은 줄어들고 우리의 여가 시간을 OTT가 채우게 되었습니다. 지금은 집에서 편하게 볼 수 있는데 왜 굳이 영화관까지 가느냐고 생각하지만, 당시에는 영화관에서 영화를 봐야 하는 분명한 이유가 존재했습니다. OTT가 도입되던 초반만 해도 수많은 전문가들이 넷플릭스의 등장에 보수적인 평가를 내놓았습니다. 그리고 주가가 하락하던 CGV도 다시 고점을 회복할 것이라는 전망이 많았습니다.

하지만 현재 CGV의 주가는 고점을 회복하기는커녕 10분의 1 토막도 되지 않습니다. 전문가조차도 제대로 예측하지 못하는 정보를 두고 일반인이 오류를 발견하기는 사실상 거의 불가능합니다.

이처럼 불확실한 투자 정보가 도처에 널려 있기에 정확한 판단을 하고 큰 수익을 내는 사람들은 극히 소수에 불과합니다. 그렇다면 주식 투자에 대해 내가 알고 있는 것과 내가 바라보는 관점을 완전히 바꿔야 한다는 의미가 됩니다. 사람들은 빠르게 성장하고 싶고 가시적인 결과물을 얻고 싶어 합니다. 빠른 시간 안에 목표한 것을 달성하고 싶어 하는 것은 당연한 인간의 욕망이자 욕구입니다.

주식 투자도 마찬가지입니다. 당연히 단기 급등을 원합니다. 하지만 빠르고 쉽게만 인생이 펼쳐진다면 얼마나 좋을까요. 간절하게 원할수록 이루기 어렵다는 걸 잘 알면서도 그렇습니다. 그래서 저는 생각을 조금 바꿨습니다. 투자에서도 인생에서도 엄청난 위험을 감수하면서까지 단기간의 이익에 집착하기보다 오늘도, 내일도, 1년 후에도, 10년 후에도 계속해서 지속 가능한 이익을 낼 수 있는 쪽을 선택하기로 했습니다. 제가 개인 투자자일 때와 전문 투자 강연자일 때의 가장 큰 차이는 하나의 질문에서 시작됩니다. "과연 이 사례가 나에게만 효과가 있었던 걸까, 아니면 불특정 다수에게도 적용할 수 있는 내용일까?" 불특정 다수에게 적용할 수 없는 내용이라면 교육의 의미가 없기 때문입니다.

올해 가장 뜨거웠던 주식 종목 중 하나는 엔비디아입니다. 엔비디아는 2020년만 해도 5달러 수준에서 매수할 수 있었는데 주가가 크게 올라 올해 140달러를 찍었습니다. 만약 2020년에 엔비디아 주식을 1억 원어치 매수를 했고, 올해 100달러에 모두 매도했다고 가정해 보겠습니다. 주가가 20배로 올랐으니 세금을 제외하면 대략 16억 원의 수익을 거두었을 것입니다. 그렇다면 제가 지금부터 또다시 어떤 투자 아이디어를 가지고 새로운 종목을 매수하기로 결정했다고 했을 때 새로운 종목도 엔비디아처럼 주가가 크게 오를까요? 그건 누구도 예측할 수 없을 것입니다.

유럽의 워런 버핏으로 불리는 앙드레 코스톨라니는 다음과 같이 말합니다. "성공적인 투자자는 100번 중 51번 수익을 얻고 49번 손실을 본 사람이다." 성공적인 투자자라고 할지라도 실패의 확률이 높다는 의미입니다. 따라서 우연인지 실력인지 명확하게 구분할 수 없는 큰 성과가 연거푸 일어날 것이라고 과신하는 것은 합리적이지 않습니다. 이는 실제로 제가 주식 투자를 대하는 마음가짐이기도 합니다. 그래서 일부의 개인적인 사례를 지나치게 확대하여 해석하는 강의를 경계하고 있습니다. 강의는 누구나 쉽게 적용할 수 있으면서, 동시에 성과도 얻어 갈 수 있는 방법을 알려 주는 것이 중요하기 때문입니다.

제 강의를 들은 수강생들에게 1년 후 투자 결과를 물어본 적이 있습니다. 앞서 프롤로그에서 투자하는 데에는 실행력과 인내심이 중요하다고 언급했습니다. 강의를 듣고 투자를 실행하고,

인내심 있게 지속한 수강생들에게는 만족스럽다는 피드백을 들었고 1년이 지나서도 실행하지 못한 수강생들은 "그때 말씀을 듣고 투자를 했어야 했어요"라는 대답을 들었습니다. 결국 실행을 해낸 사람들은 계속 앞으로 나아가며 확신을 얻고 있고, 그러지 못한 사람들은 후회했습니다. 저는 여러분들이 우상향하는 자산을 만들어 확실하게 앞으로 나아가실 수 있으면 좋겠습니다.

가장 직관적인
투자 자산인 배당주

다이어트의 4분면

	좋은 것	나쁜 것
쉬운 것	•누구나 실천할 수 있고 효과를 볼 수 있음 (걷기, 스트레칭, 균형 잡힌 식사)	•쉽게 구할 수 있지만 효과가 입증되지 않은 다이어트 보조제 및 용품으로 아래처럼 광고 ("먹기만 하면 10킬로그램 빠져요", "가만히 입고만 있어도 땀이 줄줄 흘러요")
어려운 것	•따라 하기 어렵지만 숙련자가 되면 효과를 볼 수 있음 (수영, 크로스핏 등)	•정상적인 유통 경로를 거치지 않은 의약품으로 주로 고가인 경우가 많음 ("쉽게 구할 수 없는 건데 특별히 알려 주는 거야")

정보의 4분면

	좋은 것	나쁜 것
쉬운 것	•비교적 따라 하기 쉬움 •성과를 얻음 •단기간 큰 성과가 나타나지 않음	•따라 하기 쉬움 •한 번쯤 들어 봤음 •손해를 봄
어려운 것	•따라 하기 어려움 •성과를 얻음 •내가 잘하고 있는지 확인이 어려움	•따라 하기 어려움 •단기간 큰 성과의 기대를 갖게 함 •큰 손해를 봄

투자의 4분면

	좋은 것	나쁜 것
쉬운 것	•광화문금융러가 추구하는 투자 (배당주 투자) •꾸준히 늘어나는 성공 사례	•무조건 사라고 선동하는 투자 관련 콘텐츠
어려운 것	•그 밖의 전통적인 투자법 (가치 투자, 퀀트 투자, 재무제표 분석 등)	•화려한 이름의 특별한 매매 스킬 ('강남 부자들도 줄 서서 상담받는 퀀텀 트레이딩 스킬')

안타깝게도 많은 사람들이 쉽게 적용할 수 있고 성과를 낼 수 있는 방법에 관심을 기울이지 않습니다. 저는 관련 내용을 설명할 때 정보의 4분면을 예로 들어 이야기합니다. 위에 보이는 표와 같이 정보는 좋은 것과 나쁜 것, 쉬운 것과 어려운 것으로 나누어서 판단할 수 있습니다. 다이어트를 예시로 들어 볼까요? 우리는 흔히 다이어트를 할 때 좋고 쉬운 것(걷기, 스트레칭, 균형 잡힌 식사)이 아니라 좋고 어려운 것(수영, 크로스핏)만 하면 성공할 수 있다고 착각합니다.

대부분 그러다 실패하고 포기하고, 또다시 도전하는 수순을 겪습니다. 결국 성과를 거두지 못하고 원래 내 모습으로 돌아옵니다. 정보의 4분면을 보면 좋으면서 쉬운 것은 따라 하기 쉽습니다. 성과도 얻을 수 있습니다. 하지만 걸으면서 다이어트를 할 때처럼, 단기간에 원하는 성과가 표면적으로 드러나지는 않습니다. 쉽지만 나쁜 것을 볼까요? 역시 따라 하기 쉽습니다. 여기저기서 한 번쯤 들어 본 적도 있습니다. 하지만 결국 효과를 보지 못하고 손해를 봅니다.

　이제 투자의 4분면을 살펴보겠습니다. 우리가 추구하는 투자법은 단연 좋으면서 쉬운 것이어야 합니다. 약도 써 보고 무리한 운동도 해 보고 나서야 결국 기본으로 돌아와 꾸준한 걷기와 균형 잡힌 식사로 다이어트에 성공하는 것처럼, 접근하기 쉽고 꾸준히 지속할 수 있는 방법이야말로 과정은 조금 느리지만 결과적으로 보면 가장 빠르게 목표를 이루는 길입니다. 여기서 '나쁜 것'은 잘못됐다는 게 아니라 나에게 맞지 않고, 성공 확률이 낮다는 의미입니다.

　제가 쉽고 좋은 투자 방법으로 배당주 투자를 권하는 이유는 우량 기업에서 보여 주는 가장 확실한 신호가 배당이기 때문입니다. 이익이 있는 기업만이 배당금도 줄 수 있습니다. 이보다 확실한 신호가 또 있을까요? 하지만 여기서 반드시 주의해야 할 사항이 있습니다. 높은 배당금을 주는 기업은 안정적이고 확실한 성장을 보장할 수 있을까요? 반드시 그렇지는 않습니다. 높은 배당금만 보고 투자했다가 배당 금액이 줄면 주가는 큰 폭으로 하락할 수 있기 때문입니다. 그러므로 반드시 배당금만 보고 섣부르게 투자를 해서는 안 됩니다.

　그럼에도 불구하고 초보자에게 배당주 투자를 권하는 이유는 주식 하락기에 뛰어난 방어력을 보이기 때문에 손실에 대한 부담이 다른 투자에 비해 적습니다. 또한 배당주 투자는 매수 타이밍에 민감하지 않은 편입니다. 변동성이 적고 배당금이 증가하는 기업은 주가도 우상향하는 경향이 있습니다. 이는 주가 그래프에 따라 하루에도 몇 번씩 감정이 오르락내리락하는 초보 투자자들에게 상대적으로 안정적인 투자를 가능하게 합니다.

저도 처음부터 배당주 투자를 선호했던 것은 아니었습니다. 일반적으로 배당주는 이미 어느 정도 부를 일군 자산가가 안정적으로 자산 관리를 하기 위해 선택하는 종목이라고 생각했기 때문입니다. 처음 주식 투자를 시작했던 20대의 저는 엄청난 주가 성장으로 큰 부를 이루어 줄 것이라고 기대되는 종목들에만 집착했습니다. 하지만 이런 투자는 앞에서 예시로 들었던 한국전력과 CGV처럼 큰 불확실성을 지녔습니다. 예상했던 결과로 이어지더라도 주가 상승은 별개일 때가 있었고요. 반대로 예상치 못한 악재에는 주가가 크게 하락하기도 했습니다.

투자를 하면서 점점 앞으로 나아가야 하는데 오히려 투자를 하면 할수록 제자리에서 맴돌기만 하는 느낌을 받았습니다. 그런데 배당주 투자를 시작하면서 한 걸음씩 목표를 향해 나아가는 확신을 얻을 수 있었습니다. 이는 비단 제 경험에만 따른 느낌이 아니었습니다. 부자들의 멘토라 불리는 로버트 기요사키의 〈부자 아빠 가난한 아빠〉를 통해서도 배당주 투자가 평범한 사람들이 가장 확실하게 부를 일굴 수 있는 방법이라는 것을 확인할 수 있었습니다.

사실 저는 조금 의아했습니다. 수많은 투자 전문가라는 사람들이 로버트 기요사키의 저서를 인생 책으로 꼽는데, 정작 배당주와 연결하는 사람은 없었기 때문입니다. 이 책에서 말하는 경제적 자유를 이루는 방법을 위해서는 배당주 투자가 가장 적합한 도구인데 말이죠. 이를 이해하기 위해서는 가장 먼저 자산과 부채의 구분이 중요합니다. 로버트 기요사키가 정의하는 자산은 나의 수입을 늘려 주는 것입니다. 반대로 부채는 나의 지출을 늘리는 것이고요. 보통 사람들에게 자산이 무엇이냐고 물어보면 가장 먼저 부동산을 떠올립니다. 하지만 로버트 기요사키가 정의하는 자산에 따르면 같은 부동산일지라도 나의 수입을 증가시켜 준다면 자산이고, 지출을 늘린다면 부채입니다.

즉 투자 대상이 무엇인지가 중요한 게 아니라 나의 수입을 늘리는지 줄이는지가 중요한 판단 기준이 됩니다. 이 내용을 이해했다면 지금부터는 경제적 자유를 이루는 방법이 아주 단순해집니다. 소득에서 지출을 제외한 돈으로 자산을 매수하여 추가 수입을 발생시킵니다. 여기서 지출을 늘리지만 않는다면 우리의 소득은 늘어납니다. 이렇게 늘어난 소득으로 더 많은 자산을 매수합니다. 이런 과정을 통해서 자산에서 발생하는 소득이 지출보다 증가하면, 그때부터는 노동을 하지 않아도 저절로 소득이 늘어나는 상황이 됩니다. 그리고 시간이 흐르면서 결국엔 경제적 자유를 달성하게 되는 것이죠.

자산 매수 → 소득 증가 → 경제적 자유 달성

이렇게 일정한 현금 흐름을 발생시키는 주식은 배당주뿐입니다. 배당주는 주식을 매수하기만 하면 아무것도 하지 않아도 따박 따박 배당금이 입금됩니다. 주식을 매수하고 불과 며칠 만에도 나에게 배당금이라는 추가 수입을 가져다줍니다. 또한 보유 수량을 늘리는 만큼 배당금도 증가합니다. 한 주당 배당금을 1만 원 주는 주식이라면 10주를 매수하면 10만 원을 받을 수 있고, 100주를 매수하면 100만 원을 받을 수 있습니다. 내가 보유하는 수량만큼 나의 소득이 증가합니다.

더불어 배당주는 소액으로도 매수할 수 있습니다. 예를 들어 월급이 300만 원이고 지출이 100만 원이라고 가정하겠습니다. 남는 돈 200만 원으로 선택할 수 있는 투자 대상은 많지 않습니다. 현금 흐름을 만들기 위해 부동산 투자를 하려면 적어도 몇천만 원 이상의 자본이 필요합니다. 반면에 배당주 한 주당 가격은 보통 몇천 원에서 몇만 원 사이입니다. 종잣돈을 모으지 않은 상황에서도 수입을 늘려 주는 자산을 모을 수 있습니다.

추가로 한 가지 더 보태면 배당주 투자는 절세 계좌를 활용하여 세금을 가장 적게 내면서 소득을 증가시킬 수 있는 방법이기도 합니다. "소득이 있는 곳에 세금이 있다"라는 말이 있습니다. 어떤 방식으로든 소득이 있으면 반드시 세금을 내야 합니다. 그리고 소득이 증가할수록 세금을 더 많이 내게 됩니다. 세금은 경제적 자유로 향하는 최종 관문 같은 느낌입니다. 물론 소득이 증가하는 것이 기쁘고 세금을 내는 것은 당연합니다. 하지만 지출을 줄이고 소득을 늘리는 투자가 현명한 투자입니다. 모든 투자를 통틀어서 배당주 투자가 가장 명확하고 가장 효율적으로 절세할 수 있는 방식입니다.

배당주, 정확하게 말하자면 배당 ETF는 절세 계좌(ISA 계좌, 연금 저축 계좌, IRP 계좌)를 활용해서 매수할 수 있습니다. 그리고 절세 계좌의 혜택은 해마다 늘어나고 있는 상황입니다. 마치 정부에서 배당주 투자를 하라고 알려 주는 것 같은 느낌이 들 정도입니다. 하지만 아직도 많은 사람들이 오해를 하거나 잘못 알고 있는 부분들이 많아서 제대로 활용하지 못하고 있습니다. 다시 정리하면 배당주 투자는 가장 직관적으로 우리의 소득을 늘려 줄 수 있는 자산입니다. 더불어 소액으로도 투자를 할 수 있기 때문에 지금 당장이라도 소득을 늘릴 수 있습니다. 여기에 세금도 줄일 수 있는 절세 계좌도 활용할 수 있습니다.

그렇다면 여기서 이런 질문이 나올 수 있습니다. "꼭 배당주가 아니더라도 내가 산 주식의 주가가 오르면 수입이 증가한 것과 같다고 볼 수 있지 않나요?" 그렇다면 저도 묻겠습니다. 그 주식이 언제 어떻게 실질적인 수입으로, 즉 가시화할 수 있는 현금으로 나에게 돌아올까요? 만약 곧바로 주가가 떨어진다면 주가가 다시 상승하여 수입을 발생시켜 주는 시점이 언제인지 알 수 있을까요? 수입을 가져다줄 수 있는 시점을 정확히 알 수 없는 것은 자산도 부채도 아닙니다.

보통의 개인 투자자들은 어떤 종목이 언제 얼마나 오를지 확신이 없기 때문에 대부분 손실로 이어지는 투자를 합니다. 따라서 사실상 자산이 아니라 부채를 늘리는 과정입니다. 현실적인 상황에서 가장 효율적인 방법으로 경제적 자유를 이루기 위해서는 결국 배당주 투자가 정답입니다. 앞으로 배당주 투자가 더욱 유망해질 수 있다는 신호가 여기저기에서 확인되고 있습니다.

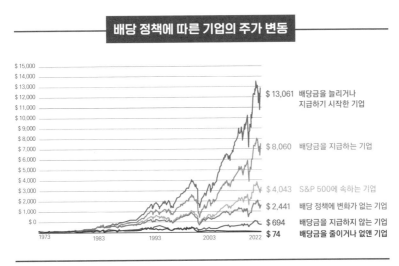

자료 : Ned Davis Research, Hartford Funds(2021년 12월 31일 기준)

위의 그래프를 보면 배당금을 처음으로 주기 시작하거나, 배당금을 전보다 늘린 기업들의 장기 주가 성과가 가장 뛰어났다는 것을 확인할 수 있습니다. 그다음이 배당금을 지급한 기업들입니다. 배당금을 지급한 기업들에는 앞에서 성과가 좋았던 배당금을 늘린 기업뿐만 아니라, 배당금을 줄이거나 유지시킨 기업들이 포함되기 때문에 다소 성과가 떨어지는 것을 확인할 수 있습니다. 미국의 증권 거래소에 상장된 500개의 우량 기업들의 주가 성과를 추적하는 주가 지수인 S&P 500 지수 기업들에 동일한 비중으로 투자했을 때의 성과는 딱 중간 정도였습니다. S&P 500 지수에는 배당금을 지급하는 기업과 그렇지 않은 기업들이 섞여 있기 때문에 나타난 결과입니다.

그 외에 배당금을 지급하지 않거나 배당금을 삭감한 기업들은 현저히 낮은 성과를 나타냈습니다. 애플, 마이크로소프트, 그리고 엔비디아까지 보통은 성장주로 알고 있는 기업들도 사실은 모두 배당주입니다. 최근에는 알파벳(구글)이 배당금을 지급하기 시작했고, 곧 아마존도 배당금을 지급할 것이라는 이야기가 나오고 있습니다. 앞으로 배당주 투자가 더욱 대세가 될 것이라고 추측하는 이유입니다.

여기서 근본적인 질문을 한 가지 해 보겠습니다. 여러분은 왜 이 책을 구입하셨나요? 이 책을 통해 얻고자 하는 게 무엇인가요? 평생 매달 300만 원의 현금을 만들고 싶어서인가요? 아니면 부동산에 투자하기에는 종잣돈이 부족하니 상대적으로 적은 투자금으로도 시도할 수 있는 종목이 주식이기 때문인가요? 제가 이 질문을 한 이유는 우리가 부동산 투자만이 투자의 전부라고 생각하지는 않는지 다시 한번 환기시키기 위해서입니다.

부동산 투자가 잘못됐다는 말이 아닙니다. 부동산 투자라고 해서 마냥 안전하기만 하고 언제나 불패 신화를 자랑하는 게 아니라는 뜻입니다. 하지만 배당주 투자는 앞에서 살펴본 바와 같이 경제적 자유를 이루는 방식에 가장 적합한 투자 자산이며, 누구나 높은 확률로 성과를 얻을 수 있는 투자라는 것을 기억해야 합니다.

배당금이 주식에
미치는 영향

배당주 투자를 제대로 알아보기 앞서 정확한 용어부터 살펴보겠습니다. 배당금이 정확히 무엇이냐고 묻는다면 어떻게 대답할 수 있을까요? 배당이란 기업에서 발생한 이익을 주주들에게 나누어 주는 것을 의미합니다. 그런데 기업에서 이익이 발생했다고 해서 모든 이익을 주주들에게 주는 것은 아닙니다. 기업에서는 이익이 발생하면 두 가지 선택이 가능해집니다. 앞서 말씀드린 것처럼 주주들에게 배당금을 나눠 줄 수도 있고, 다른 방식으로는 재투자를 할 수도 있습니다.

새로운 공장을 짓는 데 돈을 쓸 수도 있고, 연구 개발비로 사용하여 신제품 개발에 힘을 쓸 수도 있습니다. 기업은 재투자를 하여 더 많은 매출을 달성하고, 이를 통해 더 많은 이익을 남기는 것이 목표입니다. 그런데 이익을 배당금으로 나눠 주는 비율은 기업마다 다릅니다. 이걸 '배당 성향'이라고 하는데요. 예를 들어 이익이 100원 발생했을 때 배당금을 30원 지급했다면 이 기업의 배당 성향은 30%가 됩니다. 성장주로 분류되는 기업들의 경우 대체로 배당 성향이 낮은 편입니다.

여기서 한 가지 짚고 넘어갈 점이 있습니다. 많은 사람들이 주식의 분류에서 성장주라고 하면 무조건 주가가 많이 오르는 주식이라고 오해하는 경향이 있습니다. 이 말이 맞다면 주식 투자가 너무나 쉬워집니다. 성장주만 계속 매수하면 되기 때문이죠. 굳이 위험을 감수하면서 다른 주식을 매수할 이유가 없습니다. 그래서 저는 좀 더 엄밀하게 성장주는 장래의 매출과 이익의 성장에 중점을 두는 주식이라고 표현하고 싶습니다.

이러한 정의에 따르면 성장주는 이익이 발생했을 때 배당보다 재투자를 해야 합니다. 지금보다 공장을 더 많이 짓고, 연구 개발에 힘써서 매출과 이익을 늘려야 하기 때문입니다. 그래서 배당금이 상대적으로 적습니다. 앞에서 살펴본 바와 같이 기업에서는 이익이 발생하면 재투자를 하거나 배당을 줍니다. 그리고 성장주는 재투자의 비중이 높기 때문에 상대적으로 배당금이 적을 가능성이 높습니다. 이걸 이해했다면 언제 배당금이 증가하고, 감소하는지를 쉽게 파악할 수 있습니다.

기업의 배당 성향이 유지되는 상황에서 이익이 증가하면 배당금은 증가합니다. 배당 성향이 30%인데 이익이 100원에서 200원으로 증가했다면 배당금은 30원이 아니라 60원이 되는 것처럼 말이죠. 배당 성향이 커지면서 배당금이 증가할 수도 있습니다. 이익이 100원인데 배당 성향이 30%에서 50%로 증가하면 배당금은 50원이 됩니다. 배당금이 감소하는 건 정확히 반대입니다. 배당 성향이 유지되는 상황에서 이익이 줄면 배당금이 감소합니다. 그리고 배당 성향이 감소할 때도 배당금이 감소합니다. 보통은 배당주 투자자에게 배당금이 줄어드는 것은 악재로 작용할 수 있습니다.

하지만 경우에 따라 그렇지 않을 수도 있습니다. 예를 들어 A라는 기업이 그동안 주주들에게 적극적으로 이익을 환원하는 정책을 펼치다가 새로운 사업의 기회를 발견했다고 가정해 보겠습니다. 새로운 공장도 짓고, 연구 개발을 하면서 재투자를 할 것입니다. 이때 이익이 크게 증가하지 않는다면 배당 성향을 줄이고, 배당금은 줄어들 수 있습니다. 이 경우 배당금은 줄더라도 재투자를 통해 매출과 이익이 크게 증가할 것에 대한 기대감이 생기면 주가는 크게 상승할 수도 있습니다. 따라서 배당금이 줄었다면 그 이유를 면밀히 살펴봐야 합니다.

이와 관련하여 기업의 성장 사이클을 이해할 필요가 있습니다. 가장 먼저 새로운 사업을 막 시작하는 단계인 도입기입니다. 그동안 시장에 존재하지 않았던 제품이나 서비스를 제공하는 경우가 많습니다. 아직 소비자들에게 익숙하지 않은 브랜드 또는 제품이기 때문에 시장 진입 초기에는 큰 매출이 일어나지 않습니다. 매출보다 더 큰 연구 개발비나 마케팅 비용이 쓰이기도 합니다. 사업계획과는 달리 시장의 외면을 받아 판매가 제대로 이루어지지 않을 수도 있습니다. 보통 이 시기의 기업들은 시기마다 매출액의 편차가 크고, 순이익이 나지 않는 경우가 많습니다. 따라서 배당을 주는 것보다 기업의 매출과 이익의 성장에 집중하는 시기입니다.

도입기를 거쳐 기업이 안정적으로 성장하기 시작하고 이익을 내는 시기가 성장기입니다. 위 그림에서 1번의 경우입니다. 이렇게 도입기에서 성장기로 가는 기업의 주식을 '성장주'라고 표현합니다. 도입기 기업의 주식은 규모가 작고 해당 기업이 제공하는 제품과 서비스가 생소해서 일반 투자자들이 쉽게 투자하지 못합니다. 하지만 성장기 기업의 제품과 서비스는 어느 정도 익숙합니다. 시장에서 익숙하지 않은 제품이나 서비스가 어느 정도 알려졌다는 것은 그만큼 소비자에게 좋은 반응을 이끌어 냈다는 의미입니다. 테슬라의 전기차가 널리 알려지기 시작한 시점과 애플의 아이폰이 우리나라에 들어온 시점을 떠올려 보시면 좋습니다.

성장주는 보통 배당금을 주지 않거나 아주 적게 지급하며, 현재보다 미래의 가치가 더 높을 것으로 기대됩니다. 그러다 보니 앞으로의 고성장에 대한 지나친 기대감이 주가에 반영될 수 있습니다. 전교 200등 하던 학생이 공부를 열심히 해서 전교 100등까지 올리고 나자 금방이라도 전교 1등이 될 것 같은 기대감과 비슷하다고 볼 수 있을까요. 고성장에 대한 기대감이 녹아 있는 만큼 작은 악재에도 주가가 크게 움직일 수 있습니다.

성장주들이 어느 정도 성장을 이루면 점점 큰 성장을 이루기가 어려워집니다. 전교 200등에서 전교 100등이 된 이후 80등, 60등, 50등으로 등수를 올리는 과정과 비슷합니다. 더 이상의 큰 성장세는 보이지 않지만 안정적인 실적을 보이는 시기입니다. 따라서 기업들은 성장기에서 성숙기로 넘어가는 시기에 배당금을 지급하는 경우가 많습니다. 이 시기의 기업들은 해마다 배당금이 증가하는 경향이 있고, 이렇게 배당금을 늘리는 주식을 '배당 성장주'라고 합니다. 2번의 경우입니다.

배당금의 지급 수준이 높지는 않더라도 해마다 성장할 가능성이 높기 때문에 장기 투자가 가능하고, 안정적인 배당금을 받는 것을 목표로 하는 투자자에게는 배당 성장주가 적합합니다. 저 역시 배당 성장주를 주력으로 투자했습니다. 하지만 안심하기는 이릅니다. 배당 성장주의 성장세가 둔화되고 성숙기 단계에 머무르게 될 수도 있기 때문입니다. 기업의 이익은 발생하는데 마땅히 새로운 사업에 재투자할 곳은 보이질 않습니다. 기업에서 이익을 재투자하거나 주주들에게 배당금으로 나눠 준다는 것을 기억한다면 이 시기의 기업들은 배당금을 많이 지급할 것으로 예상할 수 있습니다.

그래서 현재 성숙기에 있는 기업은 '고배당주'가 됩니다. 고배당주에 투자를 할 때의 유의할 점은 해당 기업이 쇠퇴기로 넘어가는 3번의 경우입니다. 쇠퇴기에 진입한 기업은 매출과 이익이 더 이상 성장하지 않습니다. 심지어 줄어들기도 합니다. 매출과 이익이 줄어들면 그동안 높은 수준으로 지급되던 배당금이 유지되지 않을 수 있고, 주가도 크게 하락할 수 있습니다. 따라서 배당주 투자를 할 때 상황에 따라 고배당주에 투자를 하는 것을 고려할 수 있겠지만, 쇠퇴기로 넘어가는 기업에 투자하는 것은 경계해야 합니다.

성장주, 배당 성장주, 고배당주의 세 가지 주식 형태 중에서 가장 수익률이 높고 실패 가능성이 적은 것은 무엇일까요? 정답은 세 가지 전부 다입니다. 개인마다 투자의 목적과 투자 성향, 기타 환경이 다르기 때문에 무엇이 가장 좋고 나쁘다고 단정할 수 없습니다. 본인의 현재 자산과 계획, 그리고 가치관에 따라 적합한 방식을 따르면 됩니다. 이 말이 어렵고 모호하게 느껴진다면 투자 가능 기간을 고려하는 것이 하나의 방법이 될 수 있습니다.

내가 상대적으로 젊고 오래 일할 수 있어서 15년 이상 장기적인 투자가 가능하다면 일반적으로 성장주를 권합니다. 기간이 짧아질수록 배당 성장주, 고배당주를 선택하면 됩니다. 다시 말하지만 어떤 투자에도 정답은 없습니다. 나의 자금 상황과 가치관, 목표만이 중요할 뿐입니다. 배당금의 의미와 용어를 이해했다면 이제 가장 중요한 배당 수익률을 알아볼 차례입니다. 배당 수익률이란 1년 동안 지급된 배당금을 주가로 나눈 숫자를 의미합니다.

$$\text{배당 수익률} = \frac{\text{1년 동안 지급된 배당금}}{\text{주가}}$$

A 전자 배당금

❶ 2023/03 : 354원
❷ 2023/06 : 354원
2023/09 : 354원
2023/12 : 1,932원
2024/03 : 361원

A 전자 배당 수익률

❶번 : (354+354+354+1,932)/79,700=**3.76%**

❷번 : (354+354+1,932+361)/79,700=**3.77%**

❸번 : (361+361+361+361)/79,799=**1.81%**

A 전자의 배당금과 배당 수익률을 보기 쉽게 정리했습니다. 여기서 중요한 점은 1년을 결정하는 기준입니다. 이 기준에 따라 수익률이 달라지기 때문에 혼란을 일으킬 수 있습니다. 위 도식을 보면 1번처럼 한 해를 회계 기준으로 하여 잡을 수 있습니다. 이때 수익률은 3.76%입니다. 이보다 더 보편적인 경우는 현재 시점에서 가장 최근 1년을 기준으로 잡는 2번입니다. 이때 수익률은 3.77%가 됩니다.

눈썰미가 있는 독자라면 여기서 의문을 가져야 합니다. 2023년 12월의 배당금이 조금 이상하지 않나요? 다른 달에 비해 월등히 높은 금액입니다. 이때는 특별 배당금이 지급되었던 시기입니다. 즉 일회성으로 특별히 배당금이 많이 지급되었던 것입니다. 따라서 평균적인 배당 수익률을 계산하려면 특별 배당금은 감안하지 않는 것이 합리적입니다. 그런데 A 전자는 매년 3월에 나온 배당금이 한 해 동안 지속되는 경향이 있었습니다. 그렇다면 2024년 3월에 지급된 361원을 기준으로 계산했을 때 1.81%라는 수익률을 도출해 낼 수 있습니다. 3번의 경우입니다. 이처럼 어떤 기준으로 1년 동안의 배당금을 산정하느냐에 따라 배당 수익률이 크게 달라질 수 있습니다.

그렇다면 여기서 또 궁금증이 생깁니다. 그렇게 고심하고 또 고심해서 주식을 샀는데 도대체 배당금은 언제 받을 수 있을까요? 여기서 배당이라는 개념을 다시 한번 환기해 보겠습니다. 배당은 주식을 갖고 있는 사람들에게 소유 지분에 따라 기업이 이

윤을 분배하여 나누어 주는 것입니다. 여기서 '배당 기준일'이라는 개념이 생깁니다. 배당 기준일이란 배당금 지급 대상을 결정하는 데 기준이 되는 날입니다. 즉 배당금을 받기 위해 주식을 보유하고 있어야 하는 마지막 날을 의미합니다.

3	4	5	6
매수	매수	**배당락일**	배당 기준일

마지막 날이 지나면 배당을 받을 권리가 없어지는데, 이를 '배당락'이라고 합니다. '배당락일'은 배당을 받을 권리가 없어지는 날이 됩니다. 여기서 중요한 것은 배당 기준일보다 이틀 전(영업일 기준)까지 매수를 마쳐야 배당을 받을 수 있다는 점입니다. 6일이 배당 기준일이라면 4일까지는 주식을 매수해야 배당을 받을 수 있습니다. 매수하고 주주 명부에 등재되는 데 2영업일이 소요되기 때문에 가급적 빠르게 배당금을 받고 싶다면 배당락일 전까지 매수해야 합니다.

실패하지 않는
ETF 투자

지금까지 우리가 왜 주식 투자를 해야 하는지, 그리고 주식 투자 종목 중에서도 어째서 배당주 투자가 직관적이고 합리적인 투자인지에 대해 알아봤습니다. 제가 다음과 같은 가정을 한다면 여러분은 어디에 투자하시겠습니까? 총 1억 원을 투자할 수 있고 수익과 손실의 확률이 반반입니다. 첫 번째 사례는 100%의 수익이 나거나 55%의 손실이 발생합니다. 두 번째 사례는 10%의 수익이 나거나 5%의 손실이 발생하는 경우입니다.

> 1. 100%의 수익이 나거나 55%의 손실이 발생한다.
>
> 2. 10%의 수익이 나거나 5%의 손실이 발생한다.

대다수의 사람들이 첫 번째 사례를 선택할 것입니다. 두 사례를 계산해 보면 각각 45%(100%-55%), 5%(10%-5%)라는 값이 나옵니다. 한눈에 봐도 1번의 사례가 더 큰 수익을 내는 것처럼 보입니다. 하지만 아래의 표를 보면 첫 번째 사례는 우하향하는 그래프가 만들어집니다. 반대로 조금 더디기는 하지만 수익을 내는 사례는 두 번째입니다.

1번, 2번 사례 손실 비교표

1번	수익률	원금	2번	수익률	원금
		10,000			10,000
1	100%	20,000	1	10%	11,000
2	-55%	9,000	2	-5%	10,450
3	100%	18,000	3	10%	11,495
4	-55%	8,100	4	-5%	10,920
5	100%	16,200	5	10%	12,012
6	-55%	7,290	6	-5%	11,412
7	100%	14,580	7	10%	12,553
8	-55%	6,561	8	-5%	11,925
9	100%	13,122	9	10%	13,118
10	-55%	5,905	10	-5%	12,462
11	100%	11,810	11	10%	13,708
12	-55%	5,314	12	-5%	13,023
13	100%	10,629	13	10%	14,325
14	-55%	4,783	14	-5%	13,609
15	100%	9,566	15	10%	14,969

월 300만 원 버는 주식 투자 공식

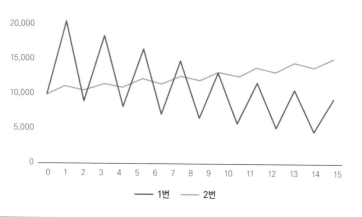

투자 원금 1억 원을 갖고 있을 때 100%의 수익이 날 확률과 55%의 손실이 날 확률을 반반이라고 가정했습니다. 그리고 좀 더 유리한 가정을 만들어 주기 위해 첫 번째 투자에서 100%의 수익이 났다고 해 보겠습니다. 첫 번째 투자로 100% 수익이 나서 1억 원이 2억 원이 됩니다. 그런데 두 번째 투자에서 55%의 손실이 발생하여 2억 원은 9000만 원이 됩니다. 또다시 투자를 하여 수익이 나서 1억 8000만 원이 됐습니다.

이제라도 멈추면 좋겠지만 보통은 그러지 못합니다. 큰 수익을 경험하면서 금방 부자가 될 수 있을 것 같다는 생각이 들기 때문입니다. 계속 투자를 이어 가서 다시 55%의 손실이 발생했고 8100만 원이 남았습니다. 여기까지만 봐도 점점 고점이 낮아지는 것을 확인할 수 있습니다. 이런 투자를 14번만 하면 그때부터는 영영 원금을 회복할 수 없는 상태로 진입하게 됩니다.

이번에는 두 번째 사례를 보겠습니다. 흔히 말하는 '재미없는 투자'로 보입니다. "XX 주식에 투자해서 1000만 원을 벌었어"라고 자랑하는 사례와도 거리가 멀어 보입니다. 여기서 중요한 점은 우리가 장기적으로 반복해서 할 투자 사례가 바로 2번이라는 것입니다. 단기간 큰 수익을 내기 위해 무리한 투자를 하는 것은 대부분 1번 사례에 가깝습니다. 하지만 재미없는 투자로 보이는 2번 사례의 투자를 반복하면 나의 자산은 꾸준히 우상향하게 됩니다.

저는 지금까지 이 책을 통해 단기간에 큰돈을 벌 수 있다는 말은 한 번도 꺼내지 않았습니다. 대신 꾸준히 우상향하는 지속 가능한 투자를 할 수 있도록 돕겠다고 말했습니다. 투자에 관심을 갖고 발을 들여놓는 순간 여러분은 끊임없이 첫 번째 사례의 투자 유혹을 받게 될 것입니다. 분명 매력적인 조건일 겁니다. 하지만 성공할 확률은 아주 낮습니다. 내가 운이 좋거나 특별한 능력을 갖고 있지 않는 한, 이런 유혹을 계속해서 주의해야 한다는 점을 강조하고 싶습니다.

배당주 투자를 할 때 가장 조심해야 할 점은 배당금만 보고 고배당주에 투자하는 것입니다. 성숙기에서 쇠퇴기로 넘어가는 기업에 투자를 할 수도 있기 때문에 실적과 배당금이 줄어드는 것을 경계해야 합니다. 배당 수익률이 7, 8%대라고 무조건 좋아할 것이 아니라 높은 수익률에 대한 합리적인 의심을 해 봐야 합니다. 혹시 배당 삭감이 될 가능성은 없는지, 일시적으로 배당 수익률이 높아진 것은 아닌지 고민이 필요합니다. 배당주 투자에서 유의미한 결과를 얻기 위해서는 주가도 안정적으로 성장하면서 동시에 배당금도 많이 받아야 하기 때문입니다.

하지만 주식 투자를 시작하는 분들이 처음부터 이런 안목을 갖기는 쉽지 않습니다. 영화관에서 3D 안경을 쓰고 영화를 볼 때가 영화관 산업의 전성기라고 예측하기 어려웠던 것처럼 말이죠. 그래서 대부분의 개인 투자자들에게는 개별 배당주보다 배당 ETF를 활용하는 것이 안정적인 투자에 유리합니다. 또한 뒤에서 다룰 절세 계좌를 활용할 수 있다는 점에서도 큰 장점을 갖고 있습니다.

그렇다면 '잃지 않는 투자 도구'라고 알려진 ETF란 도대체 무엇일까요? ETF는 Exchange Traded Fund의 줄임말로, 여러 주식을 분산 투자 하는 도구입니다. 우리말로 표현하자면 '상장 지수 펀드'라고 합니다. 익숙하지 않아서 어렵게 느껴지는 각 단어들을 하나씩 따로 떼어 자세히 알아보겠습니다.

• **상장**: 주식 시장에 상장되었다는 것을 의미합니다. 주식 시장에 상장되어 있어야 증권사의 HTS나 MTS로 쉽게 주식을 사고팔 수 있습니다.

• **지수**: 지수의 사전적 의미는 '상품의 값이나 수량이 일정 기간 동안 얼마나 달라졌는지 측정하여 비교할 목적으로 만들어 내

는 통계값'이라고 나와 있습니다. 쉽게 숫자의 흐름으로 이해하셔도 좋습니다. 펀드는 여러 개의 주식을 서로 다른 수량으로 담게 되는데, 이걸 하나의 숫자로 만든 것입니다. 그래야 수익률이 정해지기 때문입니다.

• **펀드:** 펀드는 여러 투자자들이 돈을 모은 뭉칫돈입니다. 한 번에 여러 종류의 주식을 매수할 수 있게 만드는 도구로 이해해도 좋습니다.

ETF 투자의 가장 큰 장점은 분산 투자가 가능하다는 점입니다. 여러 배당주에 한꺼번에 투자하는 배당 ETF에 투자를 하면 몇몇 종목에서는 주가가 하락하더라도 다른 종목에서 상승할 수 있습니다. ETF 투자는 정기적으로 교체가 가능하고 수수료가 상대적으로 저렴합니다. 또한 쉽게 사고팔 수 있다는 장점이 있습니다. 하지만 개별주 투자를 할 때보다 단기간 투자 수익률이 높지 않아 보이는 단점도 존재합니다.

예를 들어 엔비디아의 주가가 상승할 때는 엔비디아와 다른 종목들을 함께 매수하는 것보다 엔비디아만 매수하는 것이 더 좋은 수익률을 얻을 수 있습니다. 하지만 이런 생각이 들 때마다 55쪽의 사례를 떠올릴 필요가 있습니다. 우리의 투자 목표는 2번이 되어야 합니다. 이를 설명하기 위해 A사 주식과 B사 주식의 전일 대비 주가 상승, 유지, 하락 비율을 준비했습니다.

		A사			
		상승	유지	하락	총합계
B사	상승	76	3	47	126
	유지	8	0	5	13
	하락	41	4	64	109
	총합계	125	7	116	249

(단위: 횟수)

지난 1년 동안 계속해서 B사의 주식만 매수했다면 전일 대비 총 126번의 주가 상승과 13번의 주가 유지, 그리고 109번의 주가 하락이 있었을 겁니다. 하락과 유지 비율은 49.2%입니다. A사만 매수했다면 결과는 어땠을까요? 총 125번의 상승이 있었고, 7번의 유지, 116번의 하락이 있었습니다. 하락과 유지 비율은 B사만 매수했을 경우와 비슷하게 49.6%입니다. 여기까지 보면 A사와 B사에 큰 차이가 없습니다.

하지만 A와 B사 모두 매수했다면 A사와 B사를 각각 매수 했을 때 결과가 크게 달라집니다. 하락과 유지 비율이 29.4%입니다. A사와 B사를 개별로 투자했을 때보다 현저히 낮은 수치입니다. 이처럼 ETF 투자는 상대적으로 잃을 확률을 줄여 줍니다. 배당 ETF가 잃지 않는 투자 도구라는 사실이 증명되었나요? 그렇다면 이제 ETF 투자자가 되기 앞서 반드시 알아야 하는 핵심 용어들을 알아보겠습니다. 용어들만 확실히 숙지해도 훨씬 쉽고 편리하게 투자에 접근할 수 있습니다.

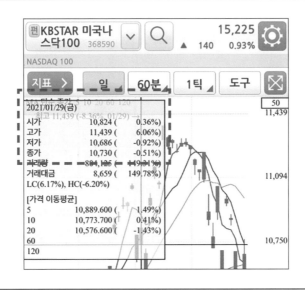

ETF에 투자하면서 순간의 실수로 하루 만에 7%에 가까운 손실을 보게 될 수도 있습니다. 이 내용을 다음 사례를 통해 확인해 보겠습니다. 위 자료는 2021년 1월 29일의 RISE 미국나스닥100 ETF의 거래 현황입니다. 이 현황을 이해하기 위해 먼저 시가, 고가, 저가, 종가의 의미를 알아야 합니다. '시가'는 주식 시장이 열리고 가장 처음으로 거래되는 가격입니다. '고가'와 '저가'는 각각 당일 거래되었던 가격 중 가장 높은 가격과 가장 저렴한 가격을 뜻합니다. 마지막으로 '종가'는 정규 거래 시간 중 가장 마지막에 거래된 가격입니다.

2021년 1월 29일에 고가가 11,439원이고 종가가 10,730원이었다면 어떻게 해석할 수 있을까요? 2021년 1월 29일 거래에서 누군가 11,439원에 해당 ETF를 매수했고, 정규 시간에 마지막으로 거래된 가격은 10,730원이었다는 것을 의미합니다. 따라서 11,439원에 매수한 사람은 불과 몇 시간 만에 7%에 가까운 손실을 보게 된 것입니다. 이건 두 가지로 해석할 수 있습니다. 첫 번째는 장중에 주가가 크게 하락할 만한 이벤트가 발생해서 실제로 주가가 크게 하락했을 수 있습니다. 두 번째는 투자자가 자신의 실수로 11,439원에 잘못 매수한 경우입니다. 원래 가치가 11,439원이 아닌데 비싸게 매수해서 손실을 본 것입니다.

그렇다면 ETF가 지닌 가치를 제대로 확인할 수 있어야 합니다. 이를 위해 ETF 투자자라면 꼭 알아야 할 용어 다섯 가지를 살펴보겠습니다. 가장 먼저 NAV(순자산 가치)입니다. ETF는 기본적으로 펀드이기 때문에 여러 주식을 매수하면서 자산을 형성합니다. 그리고 이 자산을 ETF 1주의 가치로 계산한 것이 NAV입니다. 즉 NAV는 ETF 1주가 보유한 본질적인 가치라고 이해할 수 있습니다. 참고로 NAV는 장이 끝나고 한 번 계산이 됩니다.

(A) ETF의 NAV가 10,000원이라고 할 때 10,500원에 매수했다고 가정해 보겠습니다. 이 경우 (A) ETF의 원래 가치보다 조금 비싸게 매수했다고 볼 수 있습니다. 반대로 (A) ETF의 NAV가 똑같이 10,000원일 때 9,500원에 매수했다면 원래 가치보다 더 저렴하게 매수한 것이 됩니다. 내가 만약 NAV보다 너무 비싼 가격으로 매수를 하게 되면 손해를 보기 쉽습니다. RISE

미국나스닥100 ETF의 고가와 종가 차이가 큰 이유도 누군가가 NAV보다 지나치게 비싼 가격에 누군가 매수를 했고, 이후 ETF의 가격이 NAV에 맞춰 조정됐기 때문입니다.

(키움증권 MTS 영웅문에서 ETF를 검색하고 종목명을 선택하면 iNAV를 확인할 수 있습니다.)

하지만 앞에서 말씀드렸듯이 NAV는 장이 끝난 후에 계산됩니다. 즉 내가 지금 시점에서 매수할 때 참고하는 NAV는 어제 장이 끝나고 계산된 값입니다. 하지만 주가는 수시로 움직이기 때문에 어제의 NAV를 참고하여 매수하는 것은 합리적이지 않습니다. 그래서 iNAV가 필요합니다. iNAV는 NAV와 달리 10초마다 실시간으로 제공되는 '추정' NAV입니다. 여기서 '추정'이라는 표현이 눈에 띕니다. iNAV가 100% 정확할 수 없기 때문에 추정이 붙습니다. 위 자료에서 iNAV가 10,188.35원이라는 것은 실시간으로 계산된 ETF의 순자산 가치가 10,188.35원이라는 의미입니다. 현재 거래되고 있는 가격은 10,240원입니다. iNAV는 추정값이고 매수와 매도는 일정 부분 투자자들의 수급에 따라 결정되는 부분이 있어서 NAV와 시장 가격에 차이가 있을 수 있습니다. 이처럼 NAV와 시장 가격에 차이를 '괴리도'라고 부르며, 이 차이의 비율을 바로 '괴리율'이라고 부릅니다.

순자산 가치(NAV) 추이

날짜	순자산 가치(NAV)	ETF 종가	괴리율(%)
2024/8/21	18,840.75	18,850	0.05
2024/8/20	18,829.41	18,840	0.06
2024/8/19	18,658.48	18,630	−0.15
2024/8/16	18,947.80	19,000	0.28
2024/8/14	18,611.84	18,635	0.12
2024/8/13	18,435.49	18,475	0.21
2024/8/12	18,453.94	18,455	0.01

(네이버 ETF명 검색 – ETF 분석 – 순자산 가치 추이)

위에 보시는 표처럼 보통 ETF의 시장 가격과 NAV는 큰 차이가 나지 않는 편이지만, 비정상적으로 괴리율이 높은 ETF 거래는 피하는 것이 좋습니다. 그리고 실시간으로 거래할 때 내가 매수하는 시점에 iNAV보다 지나치게 비싼 가격으로 매수하는 상황을 경계해야 합니다. 만약 이 내용을 미리 알았더라면 2021년 1월 29일 거래에서 하루 만에 7%의 손실을 보는 잘못된 매수를 피할 수 있었을 것입니다. 추적 오차라는 개념도 알아 두면 좋습니다. 추적 오차는 ETF가 추종하는 기초 지수와 NAV(순자산 가치)의 차이입니다. 만약 추적 오차가 없는 경우 ETF가 기초 지수를 잘 따라간다고 보면 됩니다. 예를 들어 기초 지수 10% 상승 시 NAV도 10% 상승한다면 추적 오차가 없다고 볼 수 있습니다.

마지막으로 ETF를 선택할 때 중요한 기준 중에 하나는 비용입니다. 똑같은 지수를 추종하는 ETF라고 할지라도 ETF마다 비용이 달라질 수 있습니다. 그 차이는 0.01%에서 0.02%로 비교적 크지 않을 수 있지만 시간이 지날수록 누적되기 때문에 장기 투자자라면 신경 써야 할 부분입니다. ETF와 관련된 비용은 총 세 가지로 총보수, 기타 비용, 매매 중개 수수료율이 있습니다. '총보수'는 ETF를 운용하는 자산 운용사에서 가져가는 수수료라고 볼 수 있습니다. 운용, 판매, 수탁, 사무 관리 수수료 등을 합한 비용을 의미합니다. '기타 비용'은 운용 과정에서 지출되는 비용입니다. 회계 감사비, 지수 사용료 예탁원 결제 보수 등을 포함합니다. 보통 '총보수'와 '기타 비용'을 합한 비용을 총비용 비율이라고 합니다.

마지막으로 매매 중개 수수료율이 있습니다. ETF를 운용하는 펀드 매니저가 지수를 잘 따르도록 주식을 사고팔 때 발생하는 주식 거래 수수료가 바로 매매 중개 수수료입니다. 그리고 총보수, 기타 비용, 매매 중개 수수료를 모두 합한 전체 비용을 실부담 비용율이라고 부릅니다. 참고로 ETF의 비용은 따로 지불하는 것이 아니라 ETF의 가격에 하루치 비용이 수익률에 반영됩니다. ETF의 비용을 이용하는 방법은 아주 간단합니다. etfcheck.co.kr에 접속해서 ETF 이름을 검색어에 넣으면 [기본 정보] 탭에서 아래와 같이 확인하실 수 있습니다.

ACE 미국S&P500 (19,220 −0.08%)				
기본 정보	성과	배당	구성 종목	자금 유입
총보수율				연 0.0700% (주식형 ETF 평균 0.3593%)
총보수 비용 비율(TER)				연 0.1400% (주식형 ETF 평균 0.4696%)
실부담 비용률				연 0.1714% (주식형 ETF 평균 0.5759%)

ETF 분석 도구

앞서 ETF의 개념을 안내했습니다. 이번에는 ETF를 좀 더 구석 구석 살펴보겠습니다. ETF 분석 도구로는 첫 번째로 가중 방식이 있습니다. 가중 방식은 종목을 어떤 비율로 선정해서 투자할지 결정합니다. 예를 들어 애플과 비자의 주식을 5:5의 비율로 매수하는 것과 8:2의 비율로 매수하는 것에는 분명한 차이가 있습니다. 대표적인 가중 방식의 종류로는 시가 총액 가중 방식과 동일 가중 방식이 있습니다. 이 외에도 여러 가중 방식이 있으나, 국내 주식 시장에 상장되어 있는 대부분의 ETF들은 이 두 가중 방식을 따르기 때문에 시가 총액 가중 방식과 동일 가중 방식을 중점적으로 다루겠습니다.

시가 총액 가중 방식은 시가 총액의 비중대로 보유하는 방식을 말합니다. 시가 총액은 증권 거래소에서 상장된 증권을 그날의 종가로 평가한 금액입니다. 시가 총액 가중 방식은 이렇게 산출된 시가 총액의 크기만큼 개별 주식을 보유합니다. 시가 총액 가중 방식은 시가 총액에 따라 보유 비중이 달라지기 때문에 일반적으로 대형주의 투자 비중이 높다는 특징이 있습니다. 그리고 주가가 오르는 종목에 투자 비중은 높아지고, 주가가 하락하는 종목의 투자 비중은 낮아지는 투자를 하게 됩니다.

동일 가중 방식은 말 그대로 ETF 내의 종목들을 동일한 비중으로 보유하는 방식입니다. 이에 따라 시가 총액 가중 방식과는 달리 중형주 또는 소형주에도 투자 비중이 높아질 수 있습니다. 또한 투자 스타일에서도 시가 총액 가중 방식과 차이가 있는데요.

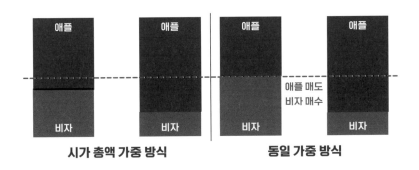

시가 총액 가중 방식과 동일 가중 방식의 차이를 보기 쉽게 표현한 그림을 보겠습니다. 시가 총액 가중 방식에서는 상대적으로

월 300만 원 버는 주식 투자 공식

시가 총액이 큰 애플의 보유 비중이 비자보다 큽니다. 만약 애플의 주가가 상승하고 비자는 하락한다면, 애플의 시가 총액은 커지고 비자의 시가 총액은 작아지게 됩니다. 시가 총액 가중 방식을 따르기 때문에 시가 총액이 늘어난 만큼 더 보유하게 되는 구조입니다. 따라서 시가 총액 가중 방식은 일명 '달리는 말에 올라타는' 투자 전략을 실행하게 됩니다. 주가가 상승하는 종목의 투자 비중은 커지고, 주가가 하락하는 종목의 투자 비중은 작아지기 때문입니다.

이번에는 동일 가중 방식을 한번 살펴볼까요? 애플과 비자를 동일한 비중으로 보유했습니다. 이후 애플의 주가가 올라 애플과 비자의 비중이 달라졌는데, 다시 동일한 비중으로 두 종목을 보유하기 위해서는 주가가 오른 애플을 매도하고 주가가 하락한 비자를 매수해야 합니다. 자연스럽게 싸게 사서 비싸게 파는 투자 전략을 수행하게 됩니다. 시가 총액 가중 방식과 동일 가중 방식 중 절대적으로 어느 방식이 더 좋다고 말할 수는 없습니다. 나의 투자 성향에 맞게 선택하면 됩니다.

ETF 분석 도구 두 번째로 투자 스타일에 대해서 알아보고자 합니다. 투자 스타일은 크게 성장주와 가치주로 나뉩니다. 성장주란 매출과 이익 측면에서 앞으로 고성장이 예측되는 주식을 뜻합니다. 현재 해당 기업이 벌어들이는 이익 대비 주가가 고평가되어 있다는 특징이 있습니다. 가치주는 현재 이익이 잘 발생하는 주식으로, 대체로 배당주들은 가치주에 속하는 경향이 있습니다.

금리가 가치주와 성장주에 미치는 영향에 대해서도 알아보겠습니다. 성장주는 현재보다 미래의 이익에 가치가 집중되어 있습니다. 따라서 금리 인상이 가치주보다 성장주의 주가에 미치는 영향이 큽니다. 2022년 급격한 금리 인상으로 성장주들의 주가가 큰 폭으로 하락한 사례를 대표적인 예로 들 수 있습니다. 반대로 저금리 기조에서는 성장주의 주가가 상승하기 용이한 환경이라고 볼 수 있습니다.

세 번째로 살펴볼 ETF 분석 도구는 섹터 구성입니다. 섹터란 세계 산업 분류 기준GICS으로, MSCI와 S&P가 개발한 산업 분류 체계를 뜻합니다. ETF 투자에서 섹터 구성을 보는 이유는 대략적인 투자 스타일을 가늠하기 위해서입니다. 섹터는 총 11개의 구성으로 분류합니다.

섹터 구성의 특징

섹터 구분	내용
정보 기술	• 최근 이익 및 주가의 성장세가 가장 가파른 산업 중 하나. • AI 테마, 반도체 산업의 주요 기업들이 포함되어 있어 앞으로도 성장성이 뛰어날 것으로 기대. • 배당 수익률은 비교적 낮은 편이나, 배당금이 꾸준히 증가하는 기업들이 많음.
통신 서비스	• 최근 성장세가 뛰어났던 플랫폼 기업과 전통적인 통신 서비스 기업들이 혼재된 섹터. • 플랫폼 기업과 전통적인 통신 사업을 운영하는 기업 간의 투자 스타일이 크게 다르므로, 통신 서비스 섹터 비중이 높다면 ETF에서 어떤 기업의 비중이 높은지 확인 필요.

방어 소비재	• 꾸준한 소비가 이루어지는 제품을 생산 또는 유통하는 기업들이 많아 매출과 이익이 상대적으로 안정적. • 배당금의 성장 폭은 크지 않으나 배당금이 장기간 꾸준하게 성장(배당 성장주)하는 경향이 있음.
순환 소비재	• 방어 소비재보다 경기에 따른 소비의 영향을 많이 받음. • 최근 매출과 이익이 증가하는 기업들이 많음. • 배당금을 지급하지 않는 기업들의 비중이 높은 편.
금융	• 금리에 따라서 민감하게 반응하는 편이고, 경제 위기에 주가가 큰 폭으로 하락할 수 있음. • 대체로 배당금의 지급이 안정적이고 배당 수익률이 높은 기업들이 많음.
헬스 케어	• 정보 기술 섹터의 기업들과 더불어 장기간 이익과 주가가 성장하는 기업들이 많음. • 고령화 트렌드로 매출 및 이익이 증가하는 기업들이 많을 것이라고 기대.
유틸리티	• 전기, 가스, 수도 시설, 전력 업체, 재생 가능 발전 등의 기업을 중심으로 생활의 인프라가 되는 산업군. • 경기에 민감하지 않은 방어주의 성격이 강함. • 고배당 기업이 많으나, 매출과 이익의 성장이 크지 않아 배당금의 성장도 크지 않은 경향이 있음.
산업재	• 건설, 중장비 및 관련 서비스 기업들이 많고 인프라 정책 관련 수혜주들이 많음. • 경기 회복 및 확장기의 인프라 투자에 주가의 영향을 많이 받음. • 기업마다 배당금 지급의 편차가 큰 편.
기초 소재	• 화학 제품 및 건축 자재 등 산업의 기본이 되는 재료들을 제조 및 생산하는 회사들이 포함. • 전통 산업 위주의 기업들 비중이 높고, 경기 변동에 민감하게 반응하는 편.
에너지	• 원유 회사가 차지하는 비중이 높음. • 글로벌 정치 및 경제에 민감하는 반응(중국 경기, 원유 증산 혹은 감산 등). • 해마다 배당금 지급의 편차가 큰 편(배당 안정성이 상대적으로 떨어짐).
부동산	• 인플레이션 수혜 투자 자산으로 분류되나, 동시에 금리 인상기에 성과에 큰 타격을 받을 수 있음. • 배당 수익률이 높은 편이지만 배당금의 성장 폭은 크지 않은 편.

정보 기술 섹터는 우리가 주변에서 가장 흔하게 접하고 한 번

쯤은 들어 봤음 직한 종목들이 많습니다. 주요 빅 테크 기업들이 포함되어 있는 섹터입니다. 장기간 이익 및 주가의 성장세가 가파른 산업 중 하나이기 때문에 정보 기술 섹터의 비중이 높은 ETF는 상대적으로 좋은 장기 성과를 기대할 수 있습니다. 최근 들어 빠르게 급성장을 한 기업들이 많아 배당금은 대체로 적은 편이지만 이익이 성장하는 만큼 배당금이 꾸준히 증가하는 기업들이 많습니다.

통신 서비스 섹터도 정보 기술 섹터와 마찬가지로 우리에게 익숙한 섹터입니다. 여기서 주의할 것은 메타나 넷플릭스 같은 플랫폼 기업과 버라이즌과 같은 전통적인 통신 기업을 나누어서 고려해야 한다는 점입니다. 단기간에 급성장을 한 플랫폼 기업과 장기간 꾸준하게 자리를 지켜 온 통신 기업의 투자 스타일이 크게 다르기 때문입니다. 따라서 관심 ETF가 통신 서비스 섹터의 비중이 높다면 어떤 기업에 투자하고 있는지 확인이 필요합니다. 플랫폼 기업들은 성장주의 특성이 매우 강하므로 배당금을 거의 지급하지 않고, 전통적인 통신 기업들은 배당 수익률이 높은 편입니다.

방어 소비재 섹터는 꾸준한 소비가 이루어지는 제품을 생산 또는 유통하는 기업들이 많습니다. 따라서 매출과 이익이 다른 섹터의 기업들에 비해서 안정적인 편입니다. 배당금의 성장 폭은 그다지 크지 않지만 배당금의 지급이 안정적이고 장기간 꾸준히 성장하는 경향이 있습니다.

순환 소비재 섹터는 방어 소비재 섹터와 비교했을 때 경기의 흐름에 따라 소비의 영향을 많이 받는 섹터입니다. 방어 소비재와 같이 소비재이기는 하지만 상대적으로 필수품이 아니기 때문입니다. 최근 매출과 이익이 증가하는 기업들이 많아졌습니다. 순환 소비재 섹터에 속하는 기업들 역시 성장주에 해당하는 기업들이 많기 때문에 배당금을 지급하지 않는 기업들의 비중이 높은 편입니다.

금융 섹터는 은행이나 금융 서비스를 제공하는 기업들을 생각하면 간단합니다. 이런 기업들은 금리에 따라 민감하게 반응하는 편이기 때문에 경제 위기에 따라 주가가 큰 폭으로 하락할 수도 있습니다. 그 외에는 대체로 배당금의 지급이 안정적이며, 배당 수익률도 높은 기업들이 많습니다.

헬스 케어 섹터는 정보 기술 섹터의 기업들과 더불어 장기간 이익과 주가가 성장하는 기업들이 많은 편입니다. 그 배경에는 의약품이나 건강 제품의 소비가 늘어나는 고령화 트렌드가 있습니다. 매출과 이익이 증가하는 기업들이 앞으로도 계속 많아질 것으로 기대됩니다. 안정적인 배당금의 지급과 꾸준한 배당금의 성장을 기대할 수 있는 종목들이 많습니다.

유틸리티 섹터는 전기, 가스, 수도 시설, 전력 업체, 재생 가능 발전 등의 기업을 중심으로 생활 인프라가 되는 산업군입니다. 경기에 민감하지 않은 방어주의 성격이 매우 강합니다. 다른 섹터들에 비해 상대적으로 익숙하지 않은 기업들이 많지만, 오래전부터 좋은 성적을 꾸준하게 내 온 고배당 기업들도 많습니다. 매출과 이익의 성장이 크지 않아 배당금의 성장도 크지 않은 경향이 있습니다.

산업재 섹터는 건설, 중장비 및 관련 서비스 기업들이 많고 인프라 정책 관련 수혜주들이 많습니다. 경기 회복 및 확장기의 인프라 투자에 주가 성과가 많은 영향을 받습니다. 정책과 관련된 변수에 민감하다는 특징이 있고, 기업마다 배당금의 편차가 다소 큰 편입니다.

기초 소재 섹터는 화학 제품 및 건축 자재 등의 산업이 기본이 되는 재료들을 제조하고 생산하는 회사들이 포함되어 있습니다. 전통 산업 위주의 기업들 비중이 높습니다. 경기 변동에 매우 민감하게 반응하기 때문에 기초 소재 섹터에 투자할 때는 기업의 성격을 꼼꼼하게 따져 볼 필요가 있습니다.

에너지 섹터는 원유 회사가 차지하는 비중이 높습니다. 글로벌 정치나 경제에 굉장히 민감하게 반응하기 때문에 그에 따른 이익의 편차가 큰 편이고, 이에 따라 해마다 배당금 지급의 편차가 큽니다. 마지막으로 부동산 섹터는 인플레이션 수혜 투자 자산으로 분류되지만, 동시에 금리 인상기가 되면 주가 성과에 큰 타격을 받을 수 있습니다. 배당 수익률이 높은 편이나 배당금의 성장 폭은 크지 않다는 특징이 있습니다.

지금까지 ETF의 세 가지 분석 도구들을 살펴보았습니다. 단순하게 개념 정리에서 그치는 것이 아니라 실제로 투자를 할 때

각 도구들의 성향에 맞게 판단하고 선택하는 데까지 나아갈 수 있어야 합니다. 내가 관심 있는 기업들이 어느 섹터에 해당하는지 찾아보고 어떤 특징이 있는지 확인해 보세요. 계속해서 강조해 왔지만 이 책의 목표는 단순히 글을 읽고 공부하고 나서 덮는 것이 아닙니다. 실제로 투자로 이어지는 행동까지 나아가는 것임을 잊지 마시기 바랍니다.

경제적 자유를 얻기 위한 비전 보드 만들기

세상에는 두 가지 분류의 사람이 있습니다. 어떻게든 유의미한 성과를 내는 사람과 그렇지 못한 사람입니다. 성과를 내는 사람은 목표를 막연하게 세우지 않습니다. 너무나 멀고 아득해서 결국 말로만 남는 약속을 하지 않습니다. 이를테면 "나는 한 달에 5킬로그램을 뺄 거야"라고 말하지 않고 "저녁마다 밥을 반 공기씩 덜 먹을 거야"라고 말합니다. "일주일에 책을 한 권씩 읽을 거야"라고 말하지 않고 "아침마다 매일 열 쪽씩 읽을 거야"라고 말합니다. "3년 안에 경제적 자유를 누릴 거야"라고 말하지 않고 "일단 고정 지출부터 줄여 나갈 거야"라고 말합니다.

이 차이가 보이시나요? 성과를 내는 사람은 터무니없는 계획을 세우는 것이 아니라, 과정에 집중하고 정말로 실천할 수 있는 가능한 목표를 세웁니다. 변화의 시작은 지금 내가 할 수 있는 것부터 하나씩 이루어 나가는 것입니다. 삶을 변화시키겠다는 조급한 마음으로 모든 것을 한꺼번에 바꾸려고 했던 것은 아닌지 자문해 보세요. 어쩌면 수없이 실패했던 이유가 바로 거기에 있을지도 모릅니다.

투자도 마찬가지입니다. 지금 당장 내가 할 수 있는 것부터 시작해야 합니다. 더불어 인내심이 필요합니다. 하루아침에 성과를 내려는 조급함을 버리고 내가 할 수 있는 것부터 찬찬히 시작할 수 있는 인내심이 있다면 우리는 성과를 내는 사람이 될 수 있습니다. 지금 당장 할 수 있는 것에서부터 시작해야 변화를 만들 수 있습니다. 넘쳐 나는 가짜 뉴스에 현혹되지 말고 나만의 투자 신념을 갖고 임하는 마인드셋이 필요합니다.

저는 평생 매달 300만 원으로 경제적 자유가 시작될 것이라고 생각했고, 월 300만 원을 달성한 후의 모습을 끊임없이 머릿속으로 그렸습니다. 그리고 비전 보드에 새겨 넣은 바람들을 반드시 가까운 미래에 이루어 내겠다고 다짐했습니다. 결과는 어땠을까요? 저는 오래전 만들어 놓은 비전 보드의 모습을 그대로 실현하며 살고 있습니다. 처음에는 쑥스럽고 어려울 수도 있습니다. 하지만 이루고 싶은 미래의 나를 상상하다 보면 투자를 임하는 태도부터 달라진 자신을 발견하게 될 것입니다. 스스로를 의심하지 마세요. 여러분의 경제적 자유를 진심으로 응원합니다.

 **STEP 1**

월 300만 원 달성 후의 내 모습

예시) 월 300만 원의 현금 흐름을 갖고 난 후의 내 모습을 상상해 보세요. 그림으로 그려도 좋고 이미지를 찾아 붙여도 좋습니다.

 **STEP 2**

평생 월 300만 원이 생긴다면
하고 싶은 것 다섯 가지

예시) 300만 원의 현금으로 하고 싶은 다섯 가지를 적어 보세요. 유치하게 느껴져도 괜찮습니다. 내가 간절히 바라 왔던 것이라면 무엇이든 소중합니다.

1. 눈치 보지 않고 정시 퇴근 후 테니스 레슨 받기
2. 분기마다 가족과 아름다운 곳으로 여행 가기
3. 미슐랭 레스토랑에서 식사하기
4. 부모님께 풍족하게 용돈 드리기
5. 할부 없이 백화점에서 쇼핑하기

1. _____

2. _____

3. _____

4. _____

5. _____

 **STEP 3**

현재 나의 가장 큰 고민과
월 300만 원 달성 후 내게 생길 변화

> **예시)** 지금 내가 겪고 있는 고민을 적어 보고, 훗날 300만 원이라는 현금 흐
> 름을 달성하고 나서 달라질 나의 모습을 상상해 보세요.

인생에서 돈과도 바꿀 수 없을 만큼 중요한 것이 시간임을 알고 있습니다. 하지만 지금까지 살아온 날들을 되돌아 보니 정작 제 시간을 온전히 쓰고 있지 못했습니다. 제게는 가족과 함께하는 시간이 가장 소중하고 행복한데, 제 바람과는 달리 늘 2순위, 3순위로 밀리는 날이 잦았습니다. 자연스럽게 괴롭고 불만스러운 날들이 늘어만 갔습니다. 현상 유지라도 하려면 지금처럼, 혹은 그보다 더 많은 시간을 일해야 하는데 언제까지 이렇게 일할 수 있을지 가늠할 수 없으니 매일이 지치고 불안합니다. 그런데 만약 직장 생활을 하면서 월 300만 원이라는 현금 흐름을 가져갈 수 있다면 얼마나 행복하고 자신감 넘치는 삶을 살게 될지 상상만 해도 가슴이 두근거립니다. 가족과 함께 보낼 수 있는 시간도 지금보다 훨씬 늘릴 수 있습니다. 아름다운 경치를 보며 근사한 곳에서 식사도 하고 싶습니다. 내 가족들에게 좋은 것만 보여 주고, 먹여 주고, 입혀 주고 싶습니다. 그리고 제가 좋아하는 것을 찾는 데에도 지금보다 더 많은 에너지를 쓸 수 있을 것 같습니다. 이게 바로 제가 원하는 방식으로 주도권을 갖고 인생을 사는 방법일 것입니다.

월 300만 원 버는 주식 투자 공식

STEP 4
현재 나의 소득/지출/투자 금액

예시) 지금 내가 얼마의 소득과 지출을 하고 있는지, 그리고 얼마만큼 투자할 수 있는지 알아볼 차례입니다. 현재 나의 경제 상황을 정확하게 알아야만 다음 걸음을 밟을 수 있습니다. 평소 가계부를 쓰지 않는다면 이번 기회에 나의 지출에 대해 자세히 알아보는 시간을 가져 보세요.

1. **현재 나의 연간 소득:** 5000만 원(급여 소득)

2. **앞으로 예상되는 5년간 연간 소득:** 약 2억 5000만 원
    2025년: 5150만 원
    2026년: 6000만 원
        ⋮

3. **월 평균 지출:** 200만 원

4. **현재 지출에서 줄일 수 있는 부분(목표 지출 금액):**
    50만 원: 월세로 살고 있는 집을 전세로 전환하여 월 50만 원 절약 가능
    20만 원: 배달 음식을 포함한 외식 비용을 줄여 월 20만 원 절약 가능

5. **나의 투자 가능 금액 산출:** 2025년부터 한 달에 100만 원씩 투자 가능할 것으로 예상

6. **나의 미래 희망 소득:** 은퇴 후 급여 소득 없이 연간 3500만 원 달성을 목표

1. 현재 나의 연간 소득:

_____

_____

2. 앞으로 예상되는 5년간 연간 소득:

_____

_____

3. 월 평균 지출:

_____

_____

4. 현재 지출에서 줄일 수 있는 부분(목표 지출 금액):

_____

_____

_____

5. 나의 투자 가능 금액 산출:

_____

_____

_____

6. 나의 미래 희망 소득:

_____

_____

_____

STEP 5

비전 보드 시각화

예시) 비전 보드 만들기에서 가장 중요한 시각화입니다. 가시적인 힘은 강력합니다. 시각화한 비전 보드를 늘 가까운 곳에 두세요. 내가 무엇을 위해 살아가야 하는지 알려 주는 지표가 되어 줄 것입니다.

2024년 12월 31일 미래 일기

꿈/비전	나는 배당주 투자로 내 미래의 확신을 얻고, 남는 시간을 나와 가족을 위해 행복하게 보낼 것이다.
투자	나는 마음이 편한 투자를 하며 월 300만 원 현금 흐름 만들기를 실천하겠다.
배당	나는 200만 원의 배당금을 받을 것이다.
독서	나는 24권의 독서를 할 것이다.
운동	나는 주 3회 운동 및 꾸준한 식단 관리로 건강한 2024년을 보낼 것이다.
기타	나는 아내에게 다정한 남편, 아이에게는 자상한 아빠가 될 것이다.

남들 출근할 때 테니스 치러 가기

하루 전 예약해서 삿포로 라멘 먹으러 가기

나를 위한 선물 사기

통 크게 한턱내기

봉사활동 하고 기부하기

휴대폰 일시불로 결제하기

분기마다 미주/유럽 여행 가기

미슐랭 레스토랑에서 가격 안 보고 주문하기

고급 SUV 타고 동기 모임 나가기

월 300만 원 버는 주식 투자 공식

2장

수익보다 중요한 절세

현금 흐름의 중요성

어린 시절 〈TV 손자병법〉이라는 드라마를 자주 봤습니다. 요즘으로 따지면 〈미생〉과 비슷하다고 보시면 됩니다. 〈미생〉이 직장 생활의 환상을 보여 주는 측면이 있다면 〈TV 손자병법〉은 직장인의 고뇌를 담은 좀 더 현실적인 드라마로 기억합니다. 제가 너무 어렸을 때 이 드라마를 봤기 때문에 구체적인 내용은 기억이 나지 않지만 드라마 속 가장의 무게를 짊어지고 사는 아버지를 보면서 나는 절대로 직장인이 되지 말아야겠다고 다짐했던 기억이 있습니다.

어느덧 시간이 흘러 남들처럼 대학을 가고 졸업할 때가 되니 자연스레 취업 준비를 하고 있었습니다. 강요가 있었던 것은 아닙니다. 주변 사람들은 모두 다 하는 것을 저만 하지 않으면 안

될 것 같은 느낌이 있었을 뿐이죠. 취업만 잘하면 막연히 지금 겪는 많은 문제들이 해결되지 않을까 하는 기대감이 있었습니다. 하지만 입사를 하고 나니 오히려 더 큰 문제에 부딪힌 느낌이 들었습니다. 팀장님, 부장님 들과 회식 자리가 무르익어 갈 쯤이면 빠지지 않고 등장하는 단골 대화 소재가 있었는데 바로 돈 문제, 은퇴 문제였습니다.

언제 칼바람이 불어닥칠지 모르는 임원들은 원하지 않는 퇴사를 하게 될 경우를 걱정하고 계셨습니다. 저보다 불과 몇 년 빨리 입사한 선배들도 크게 다르지 않았습니다. 이렇게 회사를 다니는 것이 맞는지, 그나마 상사들은 회사를 오랫동안 다닐 수 있었는데 우리도 그럴 수 있을지 늘 불안감을 안고 있었습니다. 여기에 결혼 자금 마련, 내 집 마련, 자녀 교육비 문제, 그리고 은퇴 설계까지 현실적인 숙제들을 마주하게 되었습니다.

제가 가장 먼저 일을 하지 않고도 평생 월 300만 원의 현금 흐름을 만들겠다고 마음먹은 이유는 하루라도 빨리 이런 고민들에서 벗어나고 싶었기 때문입니다. 보통 투자자들은 큰 시세 차익을 목표로 투자하는 경우가 많습니다. 5000만 원 투자해서 불과 두세 달 만에 2000만 원, 3000만 원씩 버는 투자처럼 말이죠. 하지만 굳이 말하지 않아도 잘 알고 계실 겁니다. 어쩌다 운 좋게 큰 수익을 낼 수 있어도 결코 지속될 수 없다는 것을요.

오히려 지금은 2000만 원을 벌었어도 다음에는 같은 방식의 투자로 3000만 원을 잃고 결국 더 큰 손실을 볼 수 있다는 것을 각자의 경험이나 주변 누군가의 경험을 통해서 이미 잘 알고 있습니다. 이렇게 단기간에 시세 차익으로 수익을 만들어 내는 투자로는 인생의 변화를 이끌어 낼 수 없습니다. 더 이상 강조하지 않아도 모두 아시리라 믿습니다.

가끔 몇천만 원도 아니고 300만 원으로 어떻게 인생의 변화를 만들 수 있느냐고 반문하시는 분들이 있습니다. 300만 원이라는 돈 자체가 아주 큰 금액이라 볼 수 없기 때문입니다. 하지만 저는 일회성의 300만 원을 말하는 것이 아닙니다. 평생 일하지 않고도 꼬박꼬박 들어오는 월 300만 원의 가치는 단순히 돈으로 매길 수 있는 가치보다 훨씬 큰 의미를 전해 줄 수 있습니다. 꾸준히 발생하는 현금은 우리 인생에서 가장 중요한 '시간'의 가치를 지녔기 때문입니다.

많은 사람들이 좋든 싫든 어쩔 수 없이 회사 생활을 지속하는 가장 큰 이유는 매달 일정하게 들어오는 월급 때문입니다. 월급이라는 현금 흐름이 있어야 대출 원리금을 상환하고, 생활비로 쓰고, 자녀를 학원에도 보낼 수 있습니다. 월급을 받기 위해 매일 만원 버스와 지하철을 타며 출근길에 오르고 살얼음판 같은 직장에서 오랜 시간을 보냅니다. 그래서 매달 일정하게 들어오는 현금 흐름의 가치는 시간과 같다고 볼 수 있습니다.

저는 남편으로서, 그리고 아빠로서의 역할을 제대로 하기 위해 가정에 보태야 하는 최소한의 현금 흐름을 기준으로 월 300만 원을 책정했습니다. 언제가 될지는 모르지만 월 300만 원의 현금 흐름을 만들고 나면 회사에 있는 시간을 진정 내가 원하는 일을 하는 데 쓸 수 있을 것이라 생각했습니다. 실제로 회사를 나와 내가 바라는 가치에 집중하며 살아가고 있고, 저의 시간은 훨씬 풍요로워졌습니다. 이는 단순히 돈으로만 매길 수 있는 가치는 아닐 것입니다.

꼭 주식 투자가 아니더라도 월 300만 원의 현금 흐름을 만들 수 있는 방법들은 많습니다. 인스타그램 공구, 스마트 스토어, 해외 구매 대행, 그리고 무인 점포 창업까지 소득을 더 늘리고 싶은 직장인들이 실제로 많이 시도해 보는 부업입니다. 그리고 각 분야의 부업 전문가들은 대부분 직장을 다니면서 시작한 부업이 점점 규모가 커지면서 전문 사업으로 전환한 케이스이기도 합니다. 하지만 월 300만 원의 현금 흐름을 만들기 위해서 부업을 시작하는 것이 맞는지 아니면 월급을 잘 관리해서 현금 흐름을 만들 수 있도록 해야 하는지 냉정하게 고민할 필요가 있습니다.

일단 부업으로 월 300만 원의 현금 흐름을 만드는 것은 성공 확률이 매우 낮습니다. 그리고 엄청난 시간과 노동이 수반됩니다. 즉 직장을 다니면서 병행하기가 쉽지 않고 전업 수준으로 전념해야 원하는 성과를 얻을 수 있습니다. 특히 경매나 무인 점포 창업 같은 경우 목돈을 투자해야 하고 손실의 가능성도 있습니다. 지금 당장 직장 생활을 하고 싶지 않아서, 또는 얼마 남지 않은 은퇴에 대한 불안감 때문에 부업을 선택한다면 힘은 힘대로 들고 좋은 성과를 거두지 못할 가능성이 높다는 것을 기억해야 합니다.

　그렇다고 부업을 하는 것이 잘못되었다고 말씀드리려는 것은 아닙니다. 다만 추가 소득을 위해 가장 먼저 시작해야 할 1순위가 아니라는 것입니다. 직장인이라면 매달 들어오는 월급으로 월 300만 원의 현금 흐름을 만들 수 있도록 고민해야 합니다. 즉 내가 가장 빠르고 높은 확률로 실행할 수 있는 일부터 집중해서 시작하고 이것이 갖춰진 이후에 추가 소득을 위해 부업을 고민해야 할 것입니다. 내가 당장 할 수 있는 것에서부터 시작해야 변화를 만들 수 있습니다.

　이러한 고민 끝에 제가 만들어 낸 것이 바로 "평생 월 300만 원 만드는 투자 공식"이었습니다. 이 공식에서 중요한 것 중 하나가 바로 절세입니다. 소득이 있는 곳에 세금이 있기 마련이고 좀 더 나아가서는 세금과 건강 보험료를 줄이는 것이 결국 상대적으로 투자 금액이 적더라도 더 많은 현금 흐름을 만들어 낼 수 있는 방법이기 때문입니다.

　연금 저축 계좌, IRP 계좌, ISA 계좌를 활용하는 것이 궁극적으로 세금과 건강 보험료를 줄이는 동시에 누구나 가장 빠르게 월 300만 원의 현금 흐름을 만드는 방법이었습니다. 이를 이해하기 위해 ETF에 투자했을 때 매겨지는 세금에 대해 알아보겠습니다. 이 내용은 현행 기준으로, 아직까지 논란이 되고 있는 금융 투자 소득세의 부과 여부에 따라 달라질 수 있습니다.

ETF 분류표

	국내 주식형 ETF	국내 기타 ETF	미국 직투 ETF
정의	국내 주식 시장에 상장된 기업에만 투자하는 ETF	국내 주식 시장에 상장된 기타 ETF	미국 주식 시장에 상장된 ETF
예시	• KODEX 200 • TIGER 200헬스케어 등	• KODEX 미국 S&P500TR • KODEX 골드선물(H) • TIGER 중장기국채 등	• SPY • QQQ • SCHD 등
매매 차익	비과세	배당 소득세 15.4% 원천징수(배당 소득세 14%+지방 소득세 1.4%)	22.0%
분배금	배당 소득세 15.4% 원천징수(배당 소득세 14%+지방 소득세 1.4%)	배당 소득세 15.4% 원천징수(배당 소득세 14%+지방 소득세 1.4%)	배당 소득세 15% 원천징수
손익 통산	X	X	O
특징	매매 차익 비과세	절세 계좌(연금 저축, ISA, IRP) 활용 가능	매매 차익 250만 원 비과세

위의 표는 국내 주식형 ETF와 국내 기타 ETF, 그리고 미국 직투 ETF를 분류하여 특징을 나타낸 표입니다. 국내 주식형 ETF는 국내 주식 시장에 상장된 기업에만 투자하는 ETF입니다. 국내 주식형 ETF의 매매 차익에 대해서는 비과세로, 세금을 내지 않습니다. 예를 들어 매수 평가 금액이 1000만 원이고 매도 평가 금액이 1500만 원이라고 한다면 매매 차익은 500만 원입니다. 여기서 국내 주식형 ETF는 매매 차익이 비과세이므로 세전이나 세후 차익이 500만 원으로 같습니다.

그다음 분배금을 알아볼까요? ETF의 분배금은 개별 주식의 배당금과 같다고 보시면 됩니다. 국내 주식형 ETF의 분배금에는 배당 소득세 15.4%가 원천징수됩니다. 내가 따로 세금을 내는 것이 아니라 배당을 받을 때 이미 15.4%의 세금을 제외하고 받는다는 의미입니다. 즉 ETF의 분배금이 100만 원이라고 했을 때 15.4%의 세금이 적용되면 15만 4000원이 원천징수되어서 총 84만 6000원을 받게 됩니다.

국내 기타 ETF는 국내 주식 시장에 상장된 국내 주식형 ETF를 제외한 나머지 ETF를 의미합니다. 흔히 한 번쯤 들어 보셨을 수도 있는 국내 상장 해외 ETF가 바로 국내 기타 ETF에 속합니다. 우리는 국내 상장 해외 ETF에 집중적으로 투자할 예정이기 때문에 국내 기타 ETF를 좀 더 주의 깊게 보실 필요가 있습니다. 국내 주식형 ETF와 국내 기타 ETF의 가장 큰 차이라면 국내 기타 ETF는 매매 차익에 15.4%의 배당 소득세가 적용된다는 것입니다. 국내 주식형 ETF는 매매 차익에 비과세가 적용되기 때문에 상당한 차이라고 볼 수 있습니다.

매수 평가 금액이 1000만 원이고 매도 평가 금액이 1500만 원으로 국내 주식형 ETF에 투자했을 때와 같다고 하더라도 세후 수익은 달라집니다. 세전 매매 차익은 500만 원으로 동일하지만 배당 소득세를 적용하면 500만 원의 15.4%인 77만 원을 제한 423만 원을 받게 됩니다. 국내 기타 ETF의 분배금에 15.4%의 세금이 원천징수되어 받게 되는 것은 국내 주식형 ETF와 똑같습니다.

앞서 말씀드린 것과 같이 우리는 국내 기타 ETF로 분류되는 국내 상장 해외 ETF에 집중적으로 투자할 예정입니다. 따라서 매매 차익과 배당금에 15.4%의 세금을 내는 것은 꽤 부담스러운 상황입니다. 이뿐만 아니라 배당금을 많이 받게 되면 건강 보험료도 크게 인상될 수 있기 때문에 국내 기타 ETF에 투자하는 분들에게는 절세 계좌의 활용이 필수적입니다.

마지막으로 미국 직투 ETF도 살펴보겠습니다. 미국 주식 시장에 상장된 ETF를 뜻하는 미국 직투 ETF는 매매 차익에 무려 22%에 달하는 세율이 적용됩니다. 국내 기타 ETF와 비교하면 매우 크게 느껴집니다. 하지만 250만 원까지는 공제가 되기 때문에 단순 비교는 합리적이지 않습니다. 매수 평가 금액이 1000만 원이고 매도 평가 금액이 1500만 원이라면 매매 차익은 500만 원입니다. 500만 원에서 250만 원까지 공제가 되므로 나머지 250만 원에 대해서만 22%의 세금이 부과됩니다. 따라서 세후 매매 차익은 445만 원으로, 국내 기타 ETF의 세후 매매 차익인 423만원보다 큰 금액입니다. 분배금은 국내형 ETF와 다르게 15%가 적용됩니다.

우리가 월 300만 원의 현금 흐름을 만들기 위해서 내야 할 세금과 비용은 이것이 전부가 아닙니다. 두 가지를 더 생각해야 합니다. 첫 번째로 세전 배당금이 연간 2000만 원을 초과하게 되면 금융 소득 종합 과세 대상자가 되는데, 이 경우 다른 종합 소득과 금융 소득을 합산하여 과세됩니다. 따라서 근로 소득 및 사업 소득이 있는 상태에서 2000만 원이 넘는 배당금을 받게 되면 배당 소득세 15.4%보다 더 많은 세금을 부담하게 될 수 있습니다.

두 번째는 요즘 중요한 화두로 떠오르고 있는 건강 보험료입니다. 근로 소득자는 세전 2000만 원, 사업 소득자는 세전 1000만 원이 넘는 배당금을 받는 경우에 건강 보험료가 크게 증가할 수 있습니다. 따라서 현실적으로 월 300만 원의 현금 흐름을 만들기 위해서 매매 차익과 분배금에 대한 세금뿐만 아니라, 금융 소득 종합 과세 대상자가 될 경우와 건강 보험료의 인상까지 감안하여 고려해야 합니다.

이러한 추가 비용까지 줄일 수 있도록 도와주는 계좌가 바로 절세 계좌입니다. 흔히 연금 저축 계좌와 IRP(퇴직 연금) 계좌, ISA 계좌를 '절세 계좌 3종 세트'라고 부릅니다. 이 세 가지 계좌로 모든 주식 투자자들이 수익을 냈을 때 반드시 납부해야 하는 세금과 건강 보험료 인상을 크게 줄일 수 있습니다.

한때 배당금을 너무 많이 받으면 금융 소득 종합 과세 대상자가 되어서 엄청난 세금 폭탄을 맞을 수 있다고 선동하는 콘텐츠가 많았습니다. 이 말은 반은 맞고 반은 틀렸습니다. 대중의 관심을 끌기 위해 지나치게 한쪽만 부풀려서 설명하는 경우들이 많기 때문에 콘텐츠를 접할 때는 반드시 정확한 사실 판단이 필요합니다. 앞서 배당금이 세전 2000만 원이 넘으면 금융 소득 종합 과세 대상자가 된다고 설명했습니다. 여기서 금융 소득은 우리가 받게 될 배당금(ETF에서는 분배금)뿐만 아니라 예금과 적금, 그리고 채권 등에서 발생하는 이자까지 포함한 개념입니다. 금융 소득 종합 과세란 개인별 금융 소득이 연간 2000만 원을 초과하는 경우 금융 소득을 다른 종합 소득과 합산하여 누진 세율(종합 소득세율)을 적용해 과세하는 제도를 말합니다.

여기서 '분리 과세'라는 중요한 개념을 함께 이해하는 것이 필요합니다. 분리 과세란 별도의 종합 소득세 신고를 하지 않아도 되는 세금을 말합니다. 세전 2000만 원 이하의 배당금에 대해서는 분리 과세가 적용되어 15.4%의 배당 소득세 외에 더 이상의 세금을 내지 않습니다. 하지만 세전 2000만 원을 초과하는 배당금을 받는다면 종합 과세 대상자가 되는데요. 이때 분리 과세를 하는 경우와 종합 과세를 하는 경우로 나누어 계산한 다음, 세금이 더 큰 금액을 납부하게 됩니다.

종합 소득세 세율표(2023년 이후 발생하는 소득)

과세 표준	세율	누진공제
1400만 원 이하	6%	0
1400만 원 초과~5000만 원 이하	15%	126만 원
5000만 원 초과~8800만 원 이하	24%	576만 원
8800만 원 초과~1억5천만 원 이하	35%	1544만 원
1억5천만 원 초과~3억 원 이하	38%	1994만 원
3억 원 초과~5억 원 이하	40%	2595만 원
5억 원 초과~10억 원 이하	42%	3590만 원
10억 원 초과	45%	6590만 원

월 300만 원 버는 주식 투자 공식

종합 소득세 세율표를 참고하여 종합 과세와 분리 과세를 각각 적용한 사례를 살펴보겠습니다. 2023년 1월 1일부터 12월 31일까지의 금융 소득이 4000만 원이며, 그 외의 소득은 없었던 A 씨의 사례를 보겠습니다.

A 씨의 종합 과세 적용 시

분리 과세 구간	0원~2000만 원	2000만 원*14%(배당 소득세)=280만 원(원천징수)
2000만 원 초과 구간 (종합 소득세 세율표 참고)	2000만 원~4000만 원	2000만 원*15%-126만 원=174만 원
금융 소득 4000만 원		금융 소득 종합 과세 금액=454만 원

A 씨의 분리 과세 적용 시

4000만 원*14%=560만 원

A 씨의 경우, 이미 배당 소득세 14%를 원천징수한 뒤 수령했습니다. 그런데 이 금액이 종합 과세를 적용했을 때보다 많은 금액이기 때문에 추가로 납부할 세금이 없는 것입니다. 금융 소득은 4000만 원으로 동일하지만 근로 소득 3000만 원이 있는 B 씨의 사례를 이어서 살펴보겠습니다.

B 씨의 종합 과세 적용 시

분리 과세 구간	0원~2000만 원	2000만 원*14%(배당 소득세)= 280만 원(원천징수)
2000만 원 초과 구간 (종합 소득세 세율표 참고)	2000만 원~4000만 원	3000만 원의 연간 근로 소득이 존재하므로 총 5000만 원의 종합 소득 과세 표준 5000만 원*15%-126만 원=624만 원
금융 소득 4000만 원+근로 소득 3000만 원		금융 소득 종합 과세 금액=904만 원

B 씨의 분리 과세 적용 시

금융 소득(4000만 원*14%=560만 원)

+

근로 소득(3000만 원*15%-126만 원=324만 원)

560만 원+324만 원=**884만 원**

종합 과세와 분리 과세 중 금액이 더 높은 쪽의 세금을 부과하므로 B 씨는 종합 과세를 적용한 904만 원의 세금을 납부해야 합니다. 그리고 너무나 당연한 이야기이지만 금융 소득과 근로 소득등으로 소득이 증가할수록 납부해야 하는 세금도 기하급수적으로 증가합니다.

앞의 두 사례를 정리하면 연간 세전 배당금으로 2000만 원을 넘게 받게 되어 금융 소득 종합 과세 대상자가 된다고 할지라도 무조건 세금이 크게 늘어나는 것은 아닙니다. 하지만 두 번째 사례처럼 근로 소득 또는 사업 소득이 있다면 금융 소득 종합 과세 대상자가 되었을 때 부담해야 하는 세금이 커집니다. 이러한 내용을 정확하게 이해한다면 배당주 투자를 하면서 납부해야 하는 세금에 대한 막연한 두려움을 줄일 수 있습니다.

이처럼 금융 소득 종합 과세 대상자가 된다고 해서 반드시 세금 폭탄을 맞는 것은 아닙니다. 하지만 다음에 소개할 ISA 계좌와 같은 다양한 세제 혜택 상품의 가입이 제한될 뿐만 아니라, 건강 보험료도 크게 높아질 수 있기 때문에 가급적 금융 소득 종합 과세 대상자가 되지 않는 것이 유리합니다. 그리고 이를 위해 절세 계좌 3종 세트인 연금 저축 계좌, ISA 계좌, IRP 계좌를 최대한 활용할 것을 적극적으로 권합니다.

건강 보험료의 덫

대부분의 사람들이 아직 건강 보험료의 심각성에 대해 인지하지 못할 가능성이 높습니다. 현재 부담하고 있는 금액이 크지 않다면 더더욱 그렇습니다. 왜냐하면 저도 실질적인 은퇴를 고민하기 전까지는 건강 보험료가 엄청난 부담이 될 수 있다는 사실을 전혀 몰랐기 때문입니다. 하지만 뉴스를 통해 심심치 않게 들려오는 건강 보험료 재정이 적자라는 사실을 확인하면 건강 보험료는 앞으로도 계속해서 높아질 가능성이 큽니다.

특히 월 300만 원의 금융 소득이 발생하면 건강 보험료가 크게 증가할 가능성이 높습니다. 따라서 실질적인 은퇴를 설계하려면 건강 보험료가 상승했을 때 내가 짊어지게 될 부담도 미리 대비해야 합니다. 이 책을 통해 이루려는 우리의 목표는 최대한 절세하여 실질적인 소득을 만들고 지출을 줄이는 데 있습니다.

건강 보험의 가입자는 크게 네 가지로 분류합니다. 직장가입자, 피부양자, 지역가입자, 그리고 마지막으로 임의계속가입자입니다. 직장가입자는 모든 사업장의 근로자, 사용자, 공무원, 교직원 등을 일컫습니다. 피부양자는 직장가입자에 의해 생계를 유지하는 자를 의미하며, 일정한 소득이나 재산 요건 등을 충족해야 가입이 가능합니다. 피부양자 자격이 충족되면 건강 보험료를 따로 내지 않습니다.

지역가입자는 직장가입자와 피부양자를 제외한 나머지 요건에 해당합니다. 자영업자나 은퇴 후 근로 소득 없이 생활하는 연금생활자 등입니다. 임의계속가입자는 직장가입자가 퇴직 등의 사유로 지역가입자가 되었을 때, 직장가입자가 당시 내고 있던 보험료를 최대 3년까지 납부할 수 있도록 유예 대상이 되는 가입자입니다.

우리가 목표로 하는 평생 월 300만 원의 배당금을 받게 되면 직장인과 지역가입자의 경우 건강 보험료가 크게 증가합니다. 그리고 피부양자는 피부양자 자격이 박탈되면서 지역가입자로 전환됩니다. 따라서 월 300만 원의 배당금을 받으면 모든 건강 보험 가입자의 건강 보험료가 증가하게 됩니다.

그렇다면 좀 더 구체적으로 얼마나 증가하게 되는지 건강 보험료 산출 예시를 통해 알아보겠습니다. 직장가입자의 경우 월급 외의 소득이 연간 세전 2000만 원이 넘으면 초과 금액의

7.09%가 건강 보험료에 추가됩니다. 그리고 건강 보험료가 인상되면 건강 보험료와 하나의 쌍을 이루는 장기요양 보험료도 자동으로 인상됩니다.

- **직장가입자의 건강 보험료:** 보수 월액(비과세 소득을 제외한 전년도의 소득 총액을 12개월로 나눈 금액)*7.09%
- **직장 가입자의 장기요양 보험료:** 건강 보험료*12.95%

예를 들어 직장가입자의 보수 월액이 400만 원이라면 건강 보험료 28만 3600원(400만 원*7.09%)과 장기요양 보험료 3만 6330원(28만 3600원*12.95%)을 합한 31만 9930원이 됩니다. 이 금액의 절반은 회사에서 지급하고 나머지 절반을 내가 부담합니다. 여기서 금융 소득으로 1년에 세전 4000만 원의 배당금이 발생했다면 금융 소득 기준 2000만 원이 초과됩니다. 그리고 직장인의 경우 2000만 원의 초과분에 대해 보험료가 추가로 발생하게 됩니다. 그렇다면 아래와 같은 계산이 나옵니다.

- **금융 소득이 있는 직장가입자의 건강 보험료:**
  2000만 원*7.09%/12=11만 8167원
- **금융 소득이 있는 직장가입자의 장기요양 보험료:**
  11만 8167원*12.95%=1만 5303원
- **총액:** 월 13만 3470원

건강 보험료와 장기요양 보험료를 합친 금액인 13만 3470원을 연간으로 계산하면 160만 원이 넘습니다. 배당금을 4000만 원 받았을 때 추가되는 건강 보험료가 무려 연간 160만 원이 넘는 것입니다. 그런데 이는 직장가입자의 경우이고 지역가입자는 직장가입자보다 기준이 엄격합니다.

배당금이 세전 1000만 원이 넘으면 배당금 전체에 대한 건강 보험료가 부과됩니다. 직장인은 세전 2000만 원을 초과하는 배당금에 대해서만 건강 보험료가 인상되는 반면, 지역가입자는 전체 금액에 대해 건강 보험료가 인상되는 것이죠. 좀 더 자세한 내용은 아래 1년 배당금의 총액이 4000만 원인 지역가입자의 경우를 예시로 들어 살펴보겠습니다.

- **금융 소득이 있는 지역가입자의 건강 보험료:**
  4000만 원*7.09%/12=23만 6330원
- **금융 소득이 있는 지역가입자의 장기요양 보험료:**
  23만 6333원*12.95%=3만 605원
- **총액:** 월 26만 6938원

금융 소득이 있는 지역가입자의 경우 월 26만 6938원, 연간 320만 3257원을 부담하게 됩니다. 그런데 여기에 배당 소득세 15.4%를 더해야 하기 때문에 배당금을 받아서 증가하는 비용은 실질적으로 약 23.4%(배당 소득세+건강 보험료+장기요양 보험료)

가 됩니다. 결국 평생 월 300만 원의 현금 흐름은 세금과 보험료를 아끼는 절세 계좌의 운용이 핵심입니다. 뒤에서 좀 더 자세히 알아보겠지만 절세 계좌를 활용한다고 해서 세금을 전혀 내지 않는 것은 아닙니다. 하지만 절세 계좌를 활용하는 것이 평생 월 300만 원의 현금 흐름을 만드는 가장 효율적인 방법이기 때문에 나의 현금 흐름의 목표에 맞는 절세 계좌의 활용이 필요합니다.

연금 저축 계좌는
노후 대비용이다?

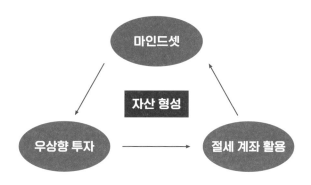

절세 계좌 3종 세트 중 가장 먼저 소개할 계좌는 바로 연금 저축 계좌입니다. 연금 저축 제도는 개인연금의 한 종류로, 말 그대로 개인이 노후 대비를 위한 연금의 목적으로 장기 저축을 할 수 있도록 돕는 금융 상품입니다. 연금 저축 계좌는 증권사에서 가입하는지, 보험사에서 가입하는지에 따라 연금 저축 펀드와 연금 저축 보험으로 구분합니다. 이 책에서는 ETF 투자를 주로 다룰 것이기 때문에 앞으로 언급하는 연금 저축 계좌는 증권사에서 연금 저축 계좌를 가입하는 연금 저축 펀드로 이해하시면 됩니다.

그런데 연금 저축 계좌에 '연금'이라는 단어가 들어가면서 많은 분들이 연금 저축 계좌에 오해를 갖고 계신 듯합니다. 특히 아직 은퇴와 거리가 있는 청년들은 지금 당장 나와 관련이 없는 노후 대비용으로만 사용하는 계좌가 아닌가 싶을 수도 있겠습니다. 하지만 연금 저축 계좌는 책에서 소개하는 세 가지 절세 계좌 중 활용도가 가장 높은 계좌입니다. 제가 비교적 이른 나이에 실질적인 은퇴를 이루는 데 가장 결정적인 역할을 한 것이 바로 연금 저축 계좌이기도 합니다.

연금 저축 계좌의 특징

	연금 저축 계좌
가입 자격	제한 없음(소득 유무, 연령 무관)
납입 한도	IRP 계좌와 합산하여 연간 1800만 원
세액 공제	세전 총급여 5500만 원 초과 시 13.2% (세전 총급여 5500만 원 이하 시 16.5%)
연금 수령 요건	1. 5년 이상 가입 필요 2. 만 55세 이후 가능 3. 10년 이상의 기간에 걸쳐 수령

연금 소득세	• 70세 미만: 5.5% • 70세 이상: 4.4% • 80세 이상: 3.3%
기타	• 담보 대출 가능 • 중도 인출 가능(기타 소득세 16.5% 납부해야 함, 단 사망 등의 부득이한 요건을 갖추면 연금 소득세로 과세 처리) • 세액 공제를 받지 않은 금액에 한해서 비과세

　연금 저축 계좌는 소득이 없는 주부나 학생도 가입이 가능합니다. 가입 자격에 제한이 없기 때문에 요즘에는 증여 수단으로도 많이 활용되고 있습니다. 연금 저축 계좌의 납입 한도는 IRP 계좌와 합쳐서 연간 1800만 원까지 가능합니다. 가장 대표적인 혜택은 세액 공제입니다. 세전 급여가 5500만 원을 초과하면 납입 금액의 13.2%의 세액 공제 혜택을 받을 수 있고, 5500만 원 이하라면 16.5%까지 공제가 가능합니다.

　여기까지는 참 달콤한 혜택이 많습니다. 하지만 젊은 투자자들이 연금 저축 계좌의 활용을 꺼리는 이유가 있습니다. 바로 수령 요건 때문입니다. 기본적으로 5년 이상 가입을 해야 하고, 만 55세 이후에 수령이 가능합니다. 그리고 한꺼번에 받을 수 있는 것이 아니라 10년 이상의 기간에 걸쳐서 수령해야 한다는 조건이 있습니다. 이 책은 은퇴 후 노후 대비를 위한 용도가 아니라 머지않은 미래에 매월 300만 원이라는 현금 흐름을 얻을 수 있도록 고안되었습니다. 따라서 연금 저축 계좌를 연금 수령용으로 활용하지는 않을 테지만 이름에 맞게 연금 수령에 가장 적합한 계좌임을 간단하게 언급하고 넘어가겠습니다.

연금 저축 계좌는 그 밖에도 다양한 혜택이 있습니다. 그중 하나가 담보 대출이 가능하다는 것입니다. 연금 저축 계좌의 담보 대출을 활용하면 2024년 9월 기준 약 3%대의 저금리로 목돈을 활용할 수 있습니다. 현재 주택 담보 대출 금리가 3.5% 수준인 것을 감안하면 매우 낮은 금리입니다. 이러한 담보 대출 기능을 통해 갑자기 현금 융통이 필요한 상황을 대비할 수 있습니다.

연금 저축 계좌는 중도 인출이 자유롭다는 이점도 있습니다. 단, 중도 인출을 하는 경우 16.5%의 기타 소득세를 납부해야 합니다. 여러 콘텐츠에서 기타 소득세 때문에 연금 저축 계좌를 연금의 목적으로만 사용하라는 이야기가 나오곤 합니다. 하지만 이는 반은 맞고 반은 틀릴 수 있습니다. 그 이유는 바로 앞에서 확인한 건강 보험료 인상과 관련이 있습니다. 일반 계좌를 통해서 배당금을 받고 이 금액이 월 300만 원이라고 한다면 앞서 확인한 건강 보험료와 배당 소득세를 합친 약 23.4%의 비용을 부담하게 됩니다.

기타 소득세가 그 자체로 비싸다고 느껴질 수도 있지만 배당 소득세와 건강 보험료를 합친 23.4%와 비교하니 저렴하게 느껴집니다. 또한 연금 저축 계좌는 세액 공제를 받지 않은 투자 원금에 한해서 세금 부담 없이 언제든 자유롭게 인출이 가능합니다. 즉 연금 저축 계좌의 장점을 잘 활용하면 얼마든지 합리적인 수준의 비용만을 부담하면서 월 300만 원의 현금 흐름을 만들 수 있습니다.

연금 저축 계좌의 세액 공제

총급여액 (종합 소득 금액)	납입 한도	세액 공제 대상 납입 한도		세액 공제율	최대 가능한 세액 공제액
	연금 저축 + IRP	연금 저축	연금 저축 + IRP		
5500만 원 이하 (4500만 원)	1800만 원	600만 원	900만 원	16.5%	148만 5000원
5500만 원 초과 (4500만 원)				13.2%	118만 8000원

　연금 저축 계좌의 세액 공제 혜택은 투자 측면에서 엄청난 혜택이 될 수 있습니다. 기본적으로 세액 공제는 납부해야 할 세금을 줄여 주는 역할을 합니다. 따라서 내가 이미 납부한 세금이 내야 할 세금보다 많다면 차액만큼 돌려받는 것이고요. 이는 연금 저축 계좌에 납부한 금액의 일부만큼 수익을 확보하고 투자를 하는 개념이기 때문에 주식 투자를 하기도 전에 이미 수익을 깔아 두는 것으로 이해할 수 있습니다.

　연금 저축 계좌와 IRP 계좌의 납입 한도는 두 계좌 합산 1800만 원까지 가능합니다. 연금 저축 계좌에서 세액 공제를 받을 수 있는 한도는 600만 원이며, 연금 저축 계좌와 IRP 계좌를 합산하여 세액 공제를 받을 수 있는 금액은 900만 원까지입니다. 소득 구분 급여 소득자의 경우 세전 5500만 원, 종합 소득 금액 기준 4500만 원 기준으로 소득이 초과하면 13.2%의 세액 공제가 이루어지고 소득이 그 이하이면 16.5%의 세액 공제율이 적용됩니다.

여기서 세액 공제율이란 세액 공제를 받기 위해 내가 납입한 세금 중에서 얼마큼이나 공제를 받을 수 있는지 나타내는 수치입니다.

위 내용들을 종합하면 연금 저축 계좌와 IRP 계좌를 합산하여 세액 공제를 받기 위해 납입할 수 있는 한도는 900만 원이고, 여기에 근로 소득자 기준 5500만 원 이하에 속하여 세액 공제를 받으면 최대 148만 5000원까지 세액 공제를 받을 수 있습니다. 여기서 세액 공제를 받은 금액을 연금 수령 외에 중도 인출할 경우 기타 소득세가 생기므로 16.5%의 금액을 반환해야 하지만, 종합 소득세와 건강 보험료가 인상되지 않기 때문에 경우에 따라 큰 부담이 아닐 수 있습니다. 하지만 148만 5000원의 세액 공제를 모두 받을 수 있는 것은 아닌데요. 이를 이해하기 위해 연말 정산 프로세스를 확인해 보겠습니다.

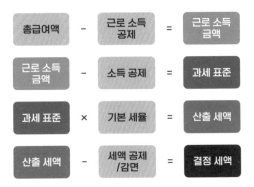

근로 소득자의 연말 정산 프로세스

총급여액	−	근로 소득 공제	=	근로 소득 금액
근로 소득 금액	−	소득 공제	=	과세 표준
과세 표준	×	기본 세율	=	산출 세액
산출 세액	−	세액 공제/감면	=	결정 세액

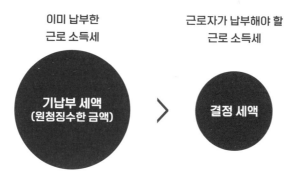

이미 납부한
근로 소득세

근로자가 납부해야 할
근로 소득세

기납부 세액
(원청징수한 금액)

>

결정 세액

근로 소득자의 연말 정산 프로세스를 간단하게 살펴보겠습니다. 연말 정산이란 1년 동안 발생한 급여에 대해 납입한 세금과 실제 발생한 세금의 차액을 정산하는 과정입니다. 총급여액에서 근로 소득 공제를 적용하면 근로 소득 금액이 발생합니다. 근로 소득 금액에서 신용카드 사용 등으로 인해 소득 공제를 받은 금액을 제하면 세금이 결정되는 기준인 과세 표준 금액이 나옵니다. 여기에 기본 세율이 적용되면 산출 세액이 나오고, 산출 세액에서 세액 공제가 된 금액을 제하면 결정 세액이 됩니다. 기납부 세액이 결정 세액보다 크면 차액만큼 세금이 환급되는 구조입니다.

즉 결정 세액이 작아질수록 환급을 받을 수 있는 금액이 커집니다. 그렇다면 연금 저축 계좌에서 세액 공제를 받기 전에 이미 결정 세액이 0원이라면 어떨까요? 연금 저축 계좌의 세액 공제 효과는 당연히 없고, 환급 금액에서도 차이가 없어집니다. 유튜브나 블로그에서 연금 저축 계좌와 IRP 계좌에 납입하는 전액의

16.5% 또는 13.2%를 돌려받을 수 있다고 설명하는 콘텐츠들이 많습니다. 하지만 앞에서 다룬 연말 정산 프로세스와 결정 세액의 개념을 이해하셨다면 이는 잘못된 내용이라는 것을 알 수 있습니다. 정확하게 말하자면 결정 세액이 최대 세액 공제 받을 수 있는 한도보다 커야지만 최대 세액 공제 한도만큼 돌려받을 수 있습니다.

구체적인 예를 들어 생각해 보겠습니다. 소득이 4000만 원에 결정 세액이 50만 원이라면 연금 저축 계좌에 얼마를 납입하는 것이 좋을까요? 결정 세액이 작아질수록 좋고, 결정 세액에 맞춰서 세액 공제를 받는 것이 좋으므로 49만 5000원(300만 원*16.5%)의 세액 공제가 가능한 300만 원가량을 납입하는 것이 가장 적합하다는 결론을 낼 수 있습니다. 600만 원을 납입하더라도 결정 세액이 50만 원이기 때문에 세액 공제를 받을 수 있는 금액은 50만 원까지입니다.

앞에서 말씀드린 것처럼 연금 저축 계좌의 혜택을 최대로 누리고 싶다면 연금 저축 계좌를 연금의 목적으로 활용하는 것이 가장 좋습니다. 연금 저축 계좌에서 연금으로 수령할 때 연간 연금 수령액 1500만 원까지는 3.3%에서 5.5%의 연금 소득세만 납부하면 됩니다. 만 70세 미만은 연금 소득세율 5.5%, 만 80세 미만은 4.4%, 만 80세 이상은 3.3%가 적용됩니다. 세액 공제율이 13.2% 또는 16.5%라는 것을 감안하면 최대 5.5%의 연금 소득세율이 상대적으로 매우 낮게 느껴집니다.

그렇다면 우리의 목표인 월 300만 원, 연 3600만 원을 연금 저축 계좌에서 수령하게 되는 경우에는 어떻게 될까요? 기타 소득세 16.5% 또는 종합 과세를 선택하여 적용하면 됩니다. 금융 소득 종합 과세자가 되었을 경우에도 확인했듯이 내가 연금 저축 계좌에서 인출하는 시점에 근로 소득 또는 사업 소득이 높은 수준으로 발생한다면 16.5%의 기타 소득세를 선택하여 납부하는 것이 유리합니다. 그러면 내가 납부하는 세금의 상한은 16.5%로 정해집니다.

연금 소득에 대한 세부담 완화 개정안

노후 연금 소득에 대한 세부담 완화(소득법 14)

현행	개정안
연금 소득 분리 과세 •(적용 대상) 사적연금소득 　연금 저축, 퇴직 연금 등 •(세율) 연령별 3~5% 　(~69세) 5%, (70~79세) 4%, (80세~) 3% •(기준 금액) 연간 1200만 원 이하	분리 과세 기준 금액 상향 •(좌동) •연간 1500만 원 이하

여기서 또 한 가지 눈여겨볼 점이 있습니다. 위 내용은 연금 소득에 대한 세부담 완화 개정안입니다. 2024년 1월부터 연간

1200만 원 이하였던 금액이 1500만 원 이하로 한도가 상향되었습니다. 여기서 1500만 원은 국민연금이나 공무원 연금, 사학 연금, 군인 연금과 같은 공적인 연금을 포함하지 않습니다. 이렇듯 수령액의 한도 금액이 계속해서 늘어나는 추세임을 감안하면 앞으로도 증액될 가능성이 큽니다. 따라서 앞으로 연금 저축 계좌의 활용은 더욱 중요해질 것으로 보입니다.

앞서 연금 저축 계좌의 수령 요건으로 10년에 걸쳐 수령해야 한다는 조건이 있다고 설명했습니다. 즉 10년이 지난 11년 차부터는 한도의 제한 없이 수령이 가능합니다. 그렇다면 연금 수령 연차는 언제부터 시작일까요? 연금 저축 계좌에 가입한 지 5년 이상 경과하고 만 55세 조건을 만족하는 첫 해에 해당됩니다.

$$\text{연금 수령 한도} = \frac{\text{연금 계좌의 평가 금액}}{(11-\text{연금 수령 연차})} * (120/100)$$

$$\text{연금 수령 연차} = \text{만 나이} - 55 + 1$$

만 60세부터 연금 수령을 희망하는 C 씨의 연금 계좌 평가액이 1억 원일 때 연금의 수령 연차와 수령 한도를 계산해 보겠습니다. (계좌 가입 기간인 5년은 이미 충족한 것으로 가정.)

| C 씨의 연금 수령 연차 | = 60-55+1=**6년 차** |

$$\text{C 씨의 연금 수령 한도} = \frac{1억\ 원}{(11-6)} * (120/100) = \textbf{2400만 원}$$

위 공식에 따라서 C씨의 연금 수령 연차는 6년이 되고, 연금 수령 한도는 2400만 원입니다. 다른 사례를 하나 더 들어 보겠습니다. 만 55세부터 연금을 수령하고자 하는 D 씨의 연금 계좌 평가액이 5000만 원이라면 연금 수령 연차와 수령 한도는 어떻게 될까요? (계좌 가입 기간인 5년은 이미 충족한 것으로 가정.)

| D 씨의 연금 수령 연차 | = 55-55+1=**1년 차** |

$$\text{D 씨의 연금 수령 한도} = \frac{5000만\ 원}{(11-1)} * (120/100) = \textbf{600만 원}$$

D 씨의 연금 수령 연차는 1년이며, 연금 수령 한도는 600만 원입니다. 여기서 연금 수령 한도 외의 금액은 인출할 수 없다는 것이 아니라는 점을 주의하셔야 합니다. 연금 저축 계좌는 중도 인출에 야박하지 않습니다. 다만 저율의 연금 소득세만큼만 적용되어 연금으로 수령할 수 있는 한도가 이 공식의 연금 수령 한도인 것입니다.

일반적으로 연금 저축 계좌의 혜택으로 가장 강조되는 부분이 세액 공제입니다. 그러다 보니 세액 공제를 받기 위한 투자 원금만큼만 연금 저축 계좌에 납입하는 데에 집중되어 있습니다. 하지만 결론부터 말씀드리자면 조기 은퇴 또는 월 300만 원의 현금 흐름을 만드는 시점을 조금이라도 앞당기기 위해서는 세액 공제 혜택을 받지 않은 투자 원금을 최대한 쌓아 두는 것이 큰 도움이 됩니다.

우리가 기억해야 할 것은 아무런 혜택을 받지 않은 투자 원금은 내 마음대로 언제든지 인출할 수 있다는 점입니다. 여기서 '아무런 혜택을 받지 않은 투자 원금'은 세액 공제나 배당 소득세 감면을 받지 않은 원금을 뜻합니다. 내가 어떤 식으로든 혜택을 받았다면 그에 상응하는 제약이 있을 수 있습니다. 하지만 그렇지 않은 투자 원금은 만 55세 미만이라고 해도 세금을 부담하지 않고 자유롭게 인출이 가능합니다. 쉽게 말해 내 돈 내가 찾는 개념입니다. 이 내용을 좀 더 자세히 알기 위해 연금 저축 계좌를 통해 쌓이는 돈을 네 가지 구조로 살펴보겠습니다.

❶ 세액 공제를 받지 않은 원금
❷ 세액 공제를 받은 원금
❸ 수익(매매 차익)
❹ 수익(배당금)

연금 저축 계좌에서 투자를 하다 보면 위와 같은 네 가지 분류의 투자 금액이 쌓입니다. 세액 공제를 받지 않은 원금(1번)은 언제든지 자유롭게 인출이 가능합니다. 하지만 나머지 2, 3, 4번은 어떤 식으로든 세금 혜택을 받았습니다. 세액 공제 혜택을 받은 투자 원금은 당연하고요. 매매 차익이나 배당금도 연금 저축 계좌에서는 배당 소득세가 원천징수되지 않은 상태로 들어오기 때문에 연금 저축 계좌의 혜택을 받은 금액입니다. 따라서 2, 3, 4번 금액을 인출할 때 연금 저축 계좌와 관련된 세금인 연금 소득세, 기타 소득세, 혹은 종합 소득세를 납부해야 합니다.

연금 저축 계좌에서 세액 공제 혜택을 받지 않은 투자 원금을 최대한 채워 놓는다면 나중에 인출할 때 세금의 부담 없이 꺼내 쓸 수 있는 돈이 커진다는 것을 의미합니다. 전세 보증금이나 내 집 마련, 혹은 결혼 준비 등의 이유로 세액 공제를 받지 않은 투자 원금을 한꺼번에 인출해도 무방하고요. 그래서 세액 공제 혜택을 받은 투자 원금과 세액 공제 혜택을 받지 않은 투자 원금으로 구분하여 두 개의 연금 저축 계좌로 ETF를 운용할 것을 권합니다.

두 개의 계좌를 사용하면 연금을 인출할 때 더 적은 세금을 낼 수 있는 옵션이 생깁니다. 앞에서 확인한 것처럼 연금 저축 계좌에서 투자를 하게 되면 세액 공제를 받지 않은 원금, 세액 공제를 받은 원금, 수익(매매 차익), 수익(배당금)이 쌓입니다. 그리고 인출할 때에는 가장 먼저 세액 공제를 받지 않은 원금부터 인출하게 됩니다. 여기서 세액 공제를 받지 않은 원금만큼 인출할 때는 어떠한 세금도 내지 않으며 건강 보험료의 인상도 없다고 말씀드렸습니다.

연금 저축 계좌를 한 개만 운용하고 만 55세가 되어서 연금 저축 계좌를 통해 월 300만 원씩 인출하는 사례를 살펴보겠습니다. 세액 공제를 받지 않은 원금이 7200만 원이고 나머지 세액 공제를 받은 원금 7200만 원과 그 외 수익을 7200만 원이라고 가정하겠습니다. 이 계좌에서 300만 원씩 인출할 때 2년 동안은 세금을 내지 않습니다. 세액 공제를 받지 않은 원금이 7200만 원(월 300만 원*24개월)이기 때문에 세금을 내지 않습니다.

2년이 지난 이후부터는 연금 저축 계좌에서 월 300만 원씩 인출하려면 16.5%의 기타 소득세를 내게 됩니다. 3.3%에서 5.5%의 분리 과세가 적용되는 연간 수령액 한도가 1500만 원이기 때문입니다. 처음 2년 동안은 세금을 전혀 내지 않으면서 혜택을 보았으니 이후에 더 많은 세금을 내는 것이 합리적이지 않느냐고 생각할 수 있습니다. 하지만 돈을 관리하는 차원에서 일관성을 유지하는 것은 매우 중요합니다. 단기간의 들쭉날쭉한 매매 차익으로 불안정한 수익을 만드는 것이 아니라 꾸준한 현금 흐름을 만들려는 목적과도 일맥상통하는 부분입니다. 따라서 가급적 오랜 기간 동안 적은 세금을 유지하기 위해 연금 저축 계좌를 둘로 나누는 것이 합리적인 선택입니다.

1. 세액 공제를 받지 않는 계좌

❶ 세액 공제를 받지 않은 원금
❸ 수익(매매 차익)
❹ 수익(배당금)

2. 세액 공제를 받는 계좌

❷ 세액 공제를 받은 원금
❸ 수익(매매 차익)
❹ 수익(배당금)

연금 저축 계좌를 둘로 나누어 세액 공제를 받지 않는 계좌와 세액 공제를 받는 계좌로 구분했습니다. 세액 공제를 받지 않는 계좌에서는 세액 공제를 받지 않은 원금, 수익(매매 차익), 수익(배당금)이 쌓이게 됩니다. 그리고 세액 공제를 받는 계좌에서는 세액 공제를 받은 원금, 수익(매매 차익), 수익(배당금)이 쌓입니다. 세액 공제를 받지 않는 계좌에서 원금을 7200만 원이라고 가정하고 매매 차익과 배당금을 합친 수익을 3600만 원이라고 하겠습니다. 마찬가지로 세액 공제를 받는 계좌의 원금을 7200만 원, 매매 차익과 배당금을 합친 수익을 3600만 원이라고 하겠습니다.

두 계좌에서 세액 공제를 받지 않은 원금과 세액 공제를 받은 원금, 그리고 그 외 수익을 합친 금액은 같습니다. 그렇다면 만 55세 이후에 월 300만 원을 만들려면 어떻게 인출할 수 있을까요? 세액 공제를 받지 않은 원금에서 연간 2100만 원을 인출하고 나머지 금액은 연금으로 받을 수 있는 한도 1500만 원을 채웁니다. 이렇게 되면 연금으로 수령하는 1500만 원에 대하여 연금 소득의 5.5%인 82만 5000원만 부담하면 됩니다. 그리고

2100만 원에 대해서는 세금을 내지 않기 때문에 1년 동안 3600만 원을 인출하는 데 부담하는 세금은 총 82만 5000원에 불과합니다.

전체 세금의 비율이 2.29%입니다. 이 경우에도 결국에는 세액 공제를 받지 않은 원금을 모두 소진하게 되면 월 300만 원을 인출할 때 16.5%의 기타 소득세를 내야 합니다. 하지만 세액 공제 혜택을 받지 않은 투자 원금을 미리 최대한으로 마련해 놓으면 그 시점을 뒤로 미룰 수 있습니다. 미뤄지는 시점만큼 상대적으로 적은 세금만 부담하고 월 300만 원을 인출할 수 있는 기간을 길게 가져갈 수 있습니다.

연금 저축 계좌와 IRP 계좌의 중도 인출 사례 비교표

중도 인출 사례	연금 저축 계좌	IRP 계좌
6개월 이상 요양 의료비 (연간 임금 총액의 12.5% 초과)	가능	가능
3개월 이상 요양 의료비	가능	가능
개인 회생 및 파산 선고	가능	가능
천재지변	가능	가능
연금 가입자의 사망 혹은 해외 이주	가능	불가능
연금 사업자의 영업 정지, 인가 취소, 파산	가능	불가능
무주택자의 주택 구입, 전세 보증금	가능	가능

사회적 재난	가능	가능
개인 사유	가능	불가능

연금 저축 계좌와 IRP 계좌는 비슷한 점이 많지만 두 계좌의 가장 큰 차이는 중도 인출 가능 여부에 있습니다. 연금 저축 계좌와 IRP 계좌의 중도 인출 사계 비교표를 보면 한눈에 살펴보아도 연금 저축 계좌보다 IRP 계좌의 인출 조건이 더욱 엄격하다는 것을 확인할 수 있습니다. 연금 저축 계좌는 개인 사유로 중도 인출이 가능한데, 이는 중도 인출에 제약이 없다는 의미이기도 합니다. 반면 IRP 계좌는 중도 인출 조건이 상대적으로 까다롭습니다. 연금 저축 계좌를 설명하면서 중도 인출이 가능하며, 기타 소득세 16.5%를 내더라도 실질적으로 큰 부담이 아니라고 말씀드렸습니다. 배당 소득세 15.4%와 건강 보험료 8%를 합한 23.4%보다 저렴하기 때문입니다. 따라서 연금 목적의 투자가 아니더라도 연금 저축 계좌를 활용하는 것이 합리적인 경우가 많습니다.

연금 저축 계좌는 담보 대출이 가능하다는 점에서도 꽤 유용합니다. 젊은 층의 투자자들을 보면 오랫동안 목돈이 묶이는 것을 우려해서 연금 저축 계좌에 납입을 꺼리는 경향이 있습니다. 하지만 이에 대해서는 두 가지 차원에서 생각할 수 있습니다. 우선 세액 공제를 받지 않은 투자 원금에 대해서는 세금 부담 없이 자유롭게 인출할 수 있습니다. 그리고 예적금을 하는 이유가 금리 자체보다는 목돈을 잘 모아 두기 위해서임을 생각하면 나중에 목돈 사용이 필요할 때 원금 자체만을 인출할 수 있기 때문에 사실상 저장 차원에서 본다면 예적금과 크게 차이가 난다고 볼 수 없습니다.

두 번째로 연금 저축 담보 대출을 함께 활용한다면 장기간 돈이 묶이는 것에 대한 부담이 훨씬 줄어들 것입니다. 현금 흐름이 필요할 때 담보 대출을 받아 메꿀 수 있기 때문입니다. 그렇다면 이제 한도와 금리가 중요합니다. 대출 한도는 평가 금액의 60%까지 입니다. 금리는 24년 9월 기준으로 3% 수준입니다. 금리는 시기마다 증권사마다 달라질 수 있습니다. 여기에 연금 저축 담보 대출은 말 그대로 연금 자산을 담보로 대출을 받는 것이기 때문에 현재 소득이나 부채와 무관하게 대출을 받을 수 있다는 점도 연금 저축 계좌의 큰 장점입니다.

대출 기간은 신청일로부터 365일이며 매년 갱신이 가능합니다. 주의할 점은 연금 저축 계좌에서 ETF를 매수한 상태에서는 대출이 불가능하다는 것입니다. 보유하고 있던 ETF를 매도하고 같은 지수를 추종하는 펀드로 재매수해야 대출이 가능합니다. 펀드가 ETF보다 전체 비용이 더 비싸다는 점이 아깝게 느껴질 수 있지만 개인이 받을 수 있는 가장 저렴한 금리인 주택 담보 대출 금리보다 낮은 금리로 대출을 받을 수 있다는 점을 생각하면 큰 단점은 아닙니다. 하지만 담보 유지 비율이 140% 아래로 떨어질 경우 추가 담보 납부가 필요하다는 점도 주의해야 합니다. 여기서 담보 유지 비율이란 펀드의 평가 금액을 담보 대출 금액으로 나눈 값을 의미합니다.

$$\text{담보 유지 비율(\%)} = \frac{\text{펀드 평가 금액}}{\text{담보 대출 금액}}$$

담보 대출 금액을 600만 원이라고 가정하고 위의 공식을 통해 평가 금액이 얼마나 떨어져야 추가 매수를 해야 하는지 알아보겠습니다. (펀드 평가 금액이 1000만 원일 때 평가 금액의 60%까지 대출 한도가 나오기 때문입니다.)

$$\frac{\text{펀드 평가 금액(x원)}}{\text{담보 대출 금액(600만 원)}} * 100 = 140\%$$

펀드 평가 금액이 840만 원 미만이 되면 담보 유지 비율이 140% 아래로 떨어지므로 추가로 담보 납부가 필요하다는 결론을 낼 수 있습니다. 따라서 돈이 급해서 연금 저축 담보 대출의 한도를 꽉 채워서 대출을 받았는데 주가가 하락한다면 오히려 펀드를 더 많이 매수해서 담보 유지 비율을 맞춰야 하는 상황이 발생할 수 있다는 점을 유의해야 합니다.

무조건 만들고 봐야 하는 ISA 계좌

연금 저축 계좌에 이어서 다음으로 알아볼 절세 계좌는 계속해서 혜택이 커지고 있는 ISA 계좌입니다. 최근 ISA 계좌의 혜택이 널리 알려지고, 연금 저축 계좌 대비 활용이 덜 까다로워 많은 분들이 관심을 갖고 계신 계좌이기도 합니다. 하지만 ISA 계좌만 단독으로 사용하기보다 연금 저축 계좌와 함께 활용했을 때 궁합이 좋기 때문에 두 계좌를 늘 함께 언급하며 활용하시라고 말씀드립니다.

앞서 연금 저축 계좌의 납입 한도가 1800만 원이라는 것을 확인했습니다. 1년 기준이므로 한 달에 150만 원 수준입니다. 경우에 따라 150만 원보다 더 많은 금액을 납입해서 하루라도 빨리 월 300만 원의 현금 흐름을 만들고 싶은 분들이 계실 수도 있습니다. 제가 그랬습니다. 이직과 부업을 하면서 소득을 높이고, 불필요한 지출을 줄여서 일하지 않고도 발생하는 현금 흐름을 빨리 만들고 싶었습니다.

이 과정에서 발생하는 세금과 건강 보험료를 최대한 줄이기 위해서 연금 저축 계좌의 활용은 필수적이었습니다. 하지만 1년 동안 납입할 수 있는 금액이 1800만 원이었기 때문에 시간을 단축시키기에 한계가 있다고 생각했습니다. 이런 고민을 해결해 준 것이 바로 ISA 계좌입니다. 그 이유는 뒤에서 좀 더 자세히 다뤄 보도록 하고 우선 ISA 계좌의 정의부터 명확하게 이해하도록 하겠습니다.

ISA란 Individual Savings Account의 약자로, 개인 종합 자산 관리 계좌라고도 합니다. ISA 계좌에는 총 세 가지 종류가 있습니다. 첫 번째는 일임형으로, 모델 포트폴리오MP를 활용하여 ETF와 펀드에 투자하는 계좌입니다. 전문가에게 완전히 일임하여 계좌를 운용하기 때문에 투자자들이 간편하게 이용할 수 있다는 특징이 있습니다. 운용 보수는 연 0.1%에서 0.5% 사이로 상대적으로 높은 수준입니다.

두 번째는 신탁형입니다. 신탁형은 예금을 비롯한 펀드, ETF, 리츠 등 고객이 직접 어떤 투자를 할지 선택할 수 있습니다. 신탁형 ISA 계좌는 신탁 보수라는 것이 존재하는데, 이는 약 0.2% 수준입니다. 마지막 중개형이 우리가 가장 주목해야 할 계좌입니다. 국내에 상장되어 있는 주식을 비롯하여 채권, 펀드, ETF, 리츠, ETN, RP 등 다양한 금융 상품을 소비자가 선택해서 투자할 수 있습니다.

일임형은 모델 포트폴리오를 따르기 때문에 우리가 직접 포트폴리오를 관리할 필요가 없습니다. 따라서 장기간 우상향하는 포트폴리오를 직접 만들어서 월 300만 원의 현금 흐름을 가져가기 위한 이 책의 목표와는 맞지 않습니다. 신탁형은 예금에 가입할 수 있고 중개형은 삼성전자와 같은 국내 상장 개별 주식과 채권에 투자할 수 있다는 점에서 큰 차이가 있습니다. 이 책에서는 주식 투자를 중점적으로 다룰 것이기 때문에 앞으로 언급하는 ISA 계좌는 중개형을 전제로 설명드리겠습니다.

ISA 계좌의 특징

		내용	비고
가입 자격		만 19세 이상 (근로 소득 있는 만 15세 이상)	금융 소득 종합 과세자는 개설 불가(전 금융사 1개만 개설 가능)
최소 가입 기간		3년	비교적 짧은 기간 동안에만 운용 가능한 자금
대상	서민형	•근로자: 소득 5000만 원 이하 •사업자: 소득 3800만 원 이하	
	일반형	서민형 대상자 외	
혜택	서민형	비과세 한도 400만 원 (초과 시 9.9% 과세)	
	일반형	비과세 한도 200만 원 (초과 시 9.9% 과세)	
세액 공제		만기 자금을 연금 계좌로 이체하면 10%(최대 300만 원)에 대해 추가 세액 공제 가능	
추가		1년에 2000만 원씩 투자 한도 증액(총 1억 원까지 가능)	

연금 저축 계좌와 달리 ISA 계좌에는 가입 자격이 있습니다. 만 19세 이상 가입이 가능하며 근로 소득이 있다면 만 15세 이상도 가입할 수 있습니다. 또한 여러 개의 계좌를 개설할 수 있는 연금 저축 계좌와 달리 ISA 계좌는 전체 금융사에서 단 하나만 개설할 수 있습니다. 그리고 최근 3년 동안 금융 소득 종합 과세 대상자가 된 적이 있다면 개설이 불가합니다.

ISA 계좌는 서민형과 일반형으로 구분되며 절세 혜택도 달라집니다. 서민형 ISA 계좌의 가입 조건을 살펴보면 세전 기준으로 근로 소득자는 연 소득 5000만 원, 사업 소득자는 연 소득 3800만 원 이하에 해당됩니다. 서민형은 세금을 내지 않는 비과세 한도가 400만 원이고, 일반형은 200만 원입니다. 이 한도를 초과하는 금액에 대해서는 9.9%의 세금이 부과됩니다. 9.9%의 세금은 국내 상장 해외 ETF(국내 기타 ETF로 분류)에 투자해서 발생하는 매매 차익과 배당 수익에 부과되는 15.4%의 배당 소득세보다 작습니다. 이렇게 비과세 한도가 주어지고 그 한도를 넘어가는 금액에 대해서는 9.9%의 상대적으로 낮은 세율이 적용되기 때문에 ISA 계좌를 활용하는 것이 합리적입니다.

구체적으로 ISA 계좌의 혜택을 알아보겠습니다. 국내 기타 ETF로 분류되는 국내 상장 해외 ETF 주식을 예로 들어 보겠습니다. 400만 원의 매매 차익이 발생했을 때 일반 계좌에서는 15.4%의 세금이 적용되어 61만 6000원의 세금이 발생합니다. 같은 상황에서 ISA 일반형 계좌라면 어떨까요? 일반형인 경우

200만 원까지 비과세 혜택을 받을 수 있으므로 나머지 200만 원에 저율 과세(9.9%)가 적용되어 19만 8000원의 세금이 발생합니다. 서민형 계좌도 살펴보겠습니다. 서민형 계좌일 경우 400만 원까지 비과세 혜택이 적용됩니다. 즉 서민형 계좌를 이용한다면 납부해야 할 세금은 없습니다.

ISA 계좌는 손익 통산이 된다는 특징이 있는데, 이 역시 절세 혜택이라고 볼 수 있습니다. 손익 통산의 뜻을 풀어 보면 손실과 이익을 합하여 계산한다는 의미입니다. A 주식에서 1000만 원의 이익이 발생하고, B 주식에서 500만 원의 손실이 발생했다고 가정해 보겠습니다. 총 500만 원의 이익이 발생했지만 일반 계좌에서는 손익 통산의 혜택이 없기 때문에 1000만 원에 15.4%의 세금이 적용되어 154만 원의 세금이 발생합니다.

하지만 ISA 일반형 계좌의 경우 손실과 이익이 합산되어 500만 원의 이익을 기준으로 세금이 부과됩니다. 그리고 200만 원까지 비과세가 적용되므로 나머지 300만 원에 저율 9.9%가 적용되어 29만 7000원의 세금이 발생합니다. 서민형은 400만 원까지 비과세이므로 나머지 100만 원에 대해서 저율 9.9%가 적용된 금액인 9만 9000원만 납부하면 됩니다.

ISA 계좌의 최소 가입 기간은 3년입니다. 그런데 간혹 이 내용을 ISA 계좌는 3년 동안 해지하지 못한다고 오해하시는 분들도 계십니다. 최소 가입 기간 3년은 비과세 혜택을 보기 위해서 적어도 3년 동안 계좌를 유지해야 한다는 것을 의미합니다. 그리고 비과세 한도는 해마다 적용되는 한도가 아니라 적어도 3년 이상 ISA 계좌를 유지했을 때 해당 기간 동안의 비과세 한도라는 것을 기억해야 합니다.

앞서 ISA 계좌와 연금 저축 계좌의 궁합이 좋다고 말씀드렸습니다. 그 이유가 바로 여기에서 나옵니다. 첫 번째는 ISA 계좌의 만기 자금을 연금 계좌로 이전할 수 있다는 점입니다. 이를 통해 연금 저축 계좌의 납입 금액을 크게 늘릴 수 있습니다. 연금 저축 계좌에 1년 동안 납입할 수 있는 금액이 1800만 원이라는 것을 확인했고, 경우에 따라 이 금액이 적은 분들도 계실 겁니다. ISA 계좌의 납입 금액을 연금 저축 계좌로 이전하면서 연금 저축 계좌에 더 많은 금액을 납입할 수 있습니다. 이렇게 두 계좌를 활용하면 3년 동안 연금 저축 계좌에 납입할 수 있는 금액은 최소 1억 3400만 원이 됩니다.

시점	실행 계획
2024년 8월	중개형 ISA 계좌 개설
2024년 8월~12월	2000만 원 납입
2025년	2000만 원 납입(누적 4000만 원)
2026년	2000만 원 납입(누적 6000만 원)
2027년 8월 만기 이전	2000만 원 납입(누적 8000만 원)
2027년 8월 만기 이후	만기 해지 후 연금 저축 계좌로 이전 중개형 ISA 계좌 신규 개설(2000만 원)

2024년 8월에 중개형 ISA 계좌를 개설했다면 즉시 2000만 원의 한도가 발생합니다. 여기서 중요한 사실은 ISA 계좌의 한도가 해마다 2000만 원씩 증가하는데 이 기준은 만 1년이 아니라 햇수입니다. 즉 2025년 1월이 되면 ISA 계좌의 한도가 기존 2000만 원에서 2000만 원이 더해져 총 4000만 원이 됩니다. 그리고 2026년 1월에 다시 2000만 원의 한도가 추가되어 ISA 계좌에 납입할 수 있는 금액은 6000만 원이 됩니다. 2027년에는 납입할 수 있는 금액이 8000만 원이 되는데 2027년 8월에 3년 만기를 채워서 연금 저축 계좌로 이전합니다. 그리고 중개형 ISA 계좌를 새로 개설해서 2000만 원의 한도를 새로 부여받게 되면 처음부터 다시 시작할 수 있습니다.

연금 저축 계좌에서 해마다 1800만 원씩 납입할 수 있었기 때문에 3년 동안 5400만 원을 납입할 수 있습니다. 그리고 3년마다 ISA 계좌에서 8000만 원씩 이전할 수 있기 때문에 둘을 합쳐 1억 3400만 원의 금액이 만들어집니다. 여기서 계산한 8000만 원은 내가 납입한 순수 원금입니다. 만약 장기간 우상향할 주식들을 매수해서 수익을 얻는다면 연금 저축 계좌로 이전할 수 있는 금액은 더욱 커질 것입니다. 이렇게 연금 저축 계좌에서 운용하는 자금이 커질수록 세금과 건강 보험료를 줄이면서 평생 월 300만 원의 현금 흐름을 달성할 수 있습니다.

두 계좌의 궁합이 좋은 두 번째 이유는 추가 세액 공제 혜택을 받을 수 있기 때문입니다. ISA 계좌에서 연금 저축 계좌로 이전하는 금액의 10%(최대 300만 원)에 대한 세액을 공제받을 수 있습니다. 이 두 가지 이유를 확인했다면 연금 저축 계좌 또는 ISA 계좌만 활용하는 것이 아니라 두 계좌를 함께 활용하여 투자하는 것이 합리적이라는 것을 알 수 있습니다. 다음은 ISA 계좌를 실제로 활용하면서 자주 물어보시는 내용들을 정리해 보겠습니다.

Q1. ISA 계좌에 납입하면 인출하지 못하나요?

납입 원금에 한해서는 자유롭게 인출이 가능합니다. ISA 계좌에 1000만 원을 이체하고 ETF를 매수하여 20%의 수익이 났다고 가정해 보겠습니다. 총 1200만 원의 금액 중 원금인 1000만 원에 대해서는 자유롭게 인출할 수 있습니다. 단 ISA 계좌는 1년에 2000만 원까지만 납입할 수 있기 때문에 추가로 납입할 수 있는 금액은 1000만 원입니다.

Q2. ISA 계좌를 개설하고 3년 만기가 되었는데 해지하지 않아도 괜찮을까요?

3년 만기가 지난 후 일반형 ISA 계좌에서 200만 원(서민형 ISA 계좌는 400만 원)을 초과하는 수익이 발생했다면 해지 후에 재가입하는 것이 좋습니다. 세금을 내는 것보다 비과세 혜택이 좋기 때문입니다.

Q3. ISA 계좌에서 연금 저축 계좌로 이전할 때 주식으로도 가능할까요?

ISA 계좌를 해지하기 위해서는 보유하고 있는 주식을 모두 매도하여 현금화해야 합니다. 따라서 주식으로는 불가능합니다.

Q4. 예적금 등으로 투자할 수 있는 금액이 현재 없는 상황입니다. 보유한 현금이 없을 때는 나중에 ISA 계좌를 만들어야 할까요?

아닙니다. ISA 계좌는 일찍 만들어 둘수록 유리합니다. 3년 만기를 채워 해지해야 세제 혜택을 받을 수 있고, 연금 저축 계좌로 이전하여 추가 세액 공제를 받을 수 있기 때문입니다. 또한 해마다 2000만 원의 한도가 추가로 생기기 때문에 ISA 계좌를 미리 만들어 한도를 높여 두면 비교적 큰 금액의 자금을 운용하기가 수월해집니다. 해가 바뀔 때마다 2000만 원씩 한도가 늘어나므로 2024년 12월에 ISA 계좌를 개설하면 2000만 원의 한도가 생기고, 해가 바뀌어 2025년 1월이 되면 2000만 원의 한도가 추가되어 총 4000만 원이 됩니다. 따라서 한 달도 채 안 되는 사이에 ISA 계좌에 4000만 원이라는 금액을 납입하여 투자가 가능합니다.

ISA 계좌 혜택 개정(안)

	현행	개정(안)		해석
		일반 투자형	국내 투자형(신설)	
납입 한도	2000만 원	4000만 원		연금 저축 이전 가능 금액 증가
총납입액 한도	1억 원	2억 원		
비과세 한도	200만 원 (서민 400만 원)	500만 원 (서민, 농어민 1000만 원)	1000만 원 (서민, 농어민 2000만 원)	비과세 혜택 확대
비과세 한도 초과분	9% 분리 과세			–
금융 소득 종합 과세 대상자 가입	가입 제한	가입 제한	가입 허용 비과세 없이 14% 분리 과세	–

얼마 전 발표된 세법 개정안에 ISA 세제 혜택 확대안이 포함되었습니다. 연금 저축 계좌와 ISA 계좌 등의 절세 계좌의 혜택이 계속해서 증가하고 있습니다. 앞으로 절세 계좌를 활용하는 투자자와 그렇지 않은 투자자의 세후 수익률에서 더 큰 차이가 벌어질 수밖에 없다는 것을 의미합니다. 따라서 하루라도 먼저 절세 계좌의 활용을 익히고 나에게 맞게 적용해야 합니다. 절세 계좌의 활용은 이제 선택이 아니라 필수입니다.

ISA 개정안에서 가장 눈에 띄는 부분은 납입 한도가 두 배가 되었다는 점입니다. 기존 2000만 원에서 4000만 원으로 해마다 납입할 수 있는 한도가 크게 늘어났고, 이에 따라 총납입액 한도도 1억 원에서 2억 원으로 대폭 상향되었습니다. 이것이 정말 중요한 변화인 이유는 연금 저축으로 이전할 수 있는 금액 또한 크게 늘어났기 때문입니다. ISA 계좌는 최소 3년의 만기를 유지하면 해지하고 나서 연금 저축 계좌로 이전할 수 있습니다. 즉 연금 저축 계좌로 이전할 수 있는 금액을 늘릴 수 있을 뿐만 아니라, 이로 인해 세액 공제 혜택을 받지 않는 투자 원금을 늘릴 수도 있습니다.

기존 ISA 계좌에 납입한 금액이 1억 원이고, 10%의 수익이 발생하여 1억 1000만 원이 되었다고 가정해 보겠습니다. 1억 1000만 원을 연금 저축 계좌로 이전하게 되면 이전하는 금액의 10%(최대 300만 원)까지 세액 공제를 받을 수 있습니다. 그러면 1억 1000만 원에서 300만 원을 뺀 1억 700만 원은 세액 공제의 혜택을 받지 않은 투자 원금이 됩니다. 그리고 세액 공제 혜택을 받지 않은 투자 원금은 연금 저축 계좌에서 중도 인출을 하더라도 아무런 불이익이 없습니다.

그런데 만약 더 많은 금액을 투자할 수 있어서 납입한 금액이 2억 원이고, 10%의 수익이 발생하여 2억 2000만 원이 되었다고 조건을 바꿔 보겠습니다. 이렇게 되면 2억 2000만 원을 연금 저축 계좌로 이전할 수 있고, 300만 원은 세액 공제를 받으니 나머지 2억 1700만 원은 자유롭게 인출할 수 있는 투자 금액이 됩니다. 1년 동안 저축할 수 있는 금액이 크다면 ISA 계좌를 활용하는 것이 절대적으로 중요합니다.

그뿐만 아니라 비과세 한도도 크게 증가합니다. 기존 비과세 한도는 일반형 ISA 계좌는 200만 원, 서민형 ISA 계좌는 400만 원이었습니다. 이제는 일반 투자형 ISA 계좌는 500만 원, 국내 투자형 ISA 계좌는 1000만 원으로 크게 증가합니다. 국내 투자형 ISA 계좌는 말 그대로 국내 주식 및 국내 주식형 펀드에 투자하는 계좌입니다. 우리는 국내 기타 ETF(국내 상장 해외 ETF는 국내 기타 ETF로 분류)에 투자할 것이기 때문에 일반 투자형 ISA 계좌를 주로 이용하게 될 것이고요.

어떤 식으로든 주식 투자를 할 때 비과세 한도는 큰 폭으로 늘어날 예정입니다. 서민 또는 농어민에 해당이 된다면 비과세 한도는 두 배로 커집니다. 현재로서도 ISA 계좌를 적극적으로 활용해야 하지만, 앞으로는 중요성이 더욱 커질 것이기 때문에 미리 준비해야 불필요한 세금을 줄일 수 있습니다.

절세 계좌의 완성
IRP 계좌

절세 계좌 3종 세트 중 마지막으로 소개할 IRP 계좌를 알아보겠습니다. IRP 계좌는 Individual Retirement Pension의 약자로, 근로자가 이직하거나 조기 퇴직을 했을 경우 퇴직금을 바로 사용하지 않고 은퇴할 때까지 보관하며 운용할 수 있도록 하는 퇴직 전용 계좌입니다. 개인형 퇴직 연금이라고 생각하면 이해하기가 좀 더 쉽습니다. 이 책에서 언급하는 IRP 계좌는 근로 소득자가 퇴사 후 퇴직금을 수령하는 퇴직 IRP 계좌가 아닌, 세액 공제를 위해 가입하는 적립형 IRP 계좌로 통칭하겠습니다.

연금 저축 계좌와 IRP 계좌 비교표

	연금 저축 계좌	IRP 계좌
연금 가입 자격	누구나 가능	소득이 있는 자(근로자, 자영업자, 프리랜서 등)
연금 수령 조건	•5년 이상 가입 •만 55세 이후 •10년 이상의 기간에 걸쳐 수령 가능	
연금 수령 세금	연금 소득세(3.3%~5.5%)	
중도 해지 세금	•기타 소득세 16.5%(운용 수익 포함) •세액 공제 받지 않은 금액에 한하여 비과세 혜택	
납입 한도	두 계좌 합산 시 연간 1800만 원	
안전 자산 요건	없음	안전 자산 30%
계좌 관리 수수료	없음	은행, 보험사에 존재(대형 증권사에는 없음)

연금 저축 계좌는 누구나 가입할 수 있지만 IRP 계좌는 소득이 있어야만 가입이 가능합니다. 연금 수령 조건은 두 계좌 모두 동일합니다. 연금을 수령할 때 납부해야 하는 세금과 중도 해지 시 납부해야 하는 세금의 조건도 똑같습니다. 납입 한도는 두 계좌를 합산하여 1800만 원입니다. 연금 저축 계좌는 안전 자산 요건이 따로 없지만, IRP 계좌의 경우 안전 자산 30%를 유지해야 한다는 조건이 있습니다. 계좌 관리 수수료는 연금 저축 계좌는 없고, IRP 계좌 역시 대형 증권사에는 없으므로 비슷한 조건이라고 생각하면 됩니다. IRP 계좌와 연금 저축 계좌의 세액 공제 한도에 대해 더욱 자세히 알아보겠습니다.

IRP 계좌의 세액 공제 한도는 연금 저축 계좌와 합산하여 연간 900만 원입니다. 연금 저축 계좌의 세액 공제 한도는 연간 600만 원이므로 일반적으로 연금 저축 계좌에 600만 원, IRP 계좌에 300만 원을 납입합니다. IRP 계좌는 안전 자산을 30% 이상 유지해야 하고 중도 인출이 까다롭기 때문입니다. 예를 들어 IRP 계좌에 주식 700만 원, 채권(안전 자산) 300만 원을 매수한다고 가정해 보겠습니다. 주가가 올라 평가 금액이 1400만 원이 되었다면 안전 자산 30%를 유지해야 한다는 조건에 맞추기 위해 채권을 300만 원어치 더 매수해야 합니다. 여기서 안전 자산이란 예금, 채권, 채권의 비중이 높은 주식, 또는 채권 상품이 될 수 있습니다. IRP 계좌는 여러 제약이 있어 활용의 우선순위에서 밀리는 편이지만 결정 세액이 커서 세액 공제를 900만 원까지 받아야 한다면 IRP 계좌를 활용하는 것이 필요합니다.

평생 월 300만 원 만드는 시뮬레이션 구상하기

지금까지 평생 매달 300만 원이라는 현금 흐름을 만들기 위한 재료들을 쭉 살펴봤습니다. 이제 실제로 자산을 어떻게 운용하고 적용할 수 있을지 시뮬레이션을 해 볼 차례입니다.

월 300만 원 현금 흐름의 가치

월 300만 원 수령 기간	총액	모으기만 했을 때 걸리는 기간				
		월 100 만 원	월 200 만 원	월 300 만 원	월 400 만 원	월 500 만 원
60년	21억 6000만 원	180년	90년	60년	45년	36년
50년	18억 원	150년	75년	50년	37.5년	30년
45년	16억 2000만 원	135년	67.5년	45년	33.8년	27년
40년	14억 4000만 원	120년	60년	40년	30년	24년
35년	12억 6000만 원	105년	52.5년	35년	26.3년	21년
30년	10억 8000만 원	90년	45년	30년	22.5년	18년

어마어마한 숫자가 보이시나요? 우리가 일반적으로 은퇴한 후에 살아가는 시간을 30년이라고 가정했을 때 매달 300만 원을 받으려면 약 10억 원이 필요합니다. 월 300만 원이라는 현금 흐름의 가치를 정리한 표를 보면 단순히 모으기만 해서는 10억 원의 현금을 발생시키기가 거의 불가능하다고 판단할 수 있습니다. 월 500만 원씩 모아도 무려 18년이 걸립니다. 그렇다고 돈만 꾸준히 모을 수도 없습니다. 돈을 모으는 중에 전월세 보증금도 내야 하고, 내 집 마련도 해야 합니다. 갑자기 어디에서 어떻게 목돈이 필요할지 아무도 알 수 없습니다. 그렇게 목돈을 사용한다면 다시 처음으로 돌아가서 새롭게 돈을 모아야 합니다. 상상만 해도 아찔합니다.

결국 투자를 하지 않고서는 월 300만 원의 현금 흐름을 만들 수 없다는 결론이 나옵니다. 이제 투자는 선택이 아닌 필수입니다. 많은 독자들이 투자가 필수임을 잘 알지만 실행에 옮기지 못해서 이 글을 읽고 계실 겁니다. 이제는 저와 함께 현실적인 계획을 위한 가정을 세워야 합니다. 이를 위해 몇 가지 가정을 하겠습니다. 우선 연금 저축 계좌에서 세액 공제 혜택을 전혀 보지 않는다고 가정하겠습니다. 세액 공제 혜택을 받을 수 있는 금액은 사람마다 다르기 때문에 보수적으로 접근한 것입니다. 다음은 연령이 낮을수록 상대적으로 연봉이 낮으므로 투자 금액이 적다고 가정하겠습니다. 대신 연령이 낮을수록 투자 기간은 더 길어질 것으로 가정하겠습니다. 주식 투자 수익률과 배당 수익률도

10%로 설정하겠습니다. 이는 뒤에서 배울 ETF들의 역사적인 수익률보다 낮은 수준으로 가정한 것입니다.

1. 만 25세부터 월 100만 원씩 연금 저축 계좌에서 매수하면 만 40세부터 월 300만 원 창출이 가능합니다.

만 39세까지 월 100만 원씩 납입했을 때

	평가 금액	원금	대출 가능 금액
40세	417,924,266	180,000,000	250,754,559
45세	673,071,209	180,000,000	403,842,726
50세	1,083,987,913	180,000,000	650,392,748
55세	1,745,773,374	180,000,000	1,047,464,024

만 40세 이후에도 월 100만 원씩 투자했을 때

	평가 금액	원금	대출 가능 금액
40세	417,924,266	180,000,000	250,754,559
45세	765,696,910	240,000,000	459,418,146
50세	1,337,890,348	300,000,000	802,734,209
55세	2,279,325,324	360,000,000	1,367,595,194

월 100만 원씩 납입만 한 경우와 투자했을 경우를 비교한 표입니다. 만 40세가 되면 원금은 1억 8000만 원이 됩니다. 이 금액은 자유롭게 인출이 가능하고 앞서 세운 가정을 대입해 보면

평가 금액은 4억 1792만 4266원입니다. 이 금액의 배당 수익률 10%를 월로 바꾸면 0.833%가 되고, 총 348만 2702원입니다. 여기서 기타 소득세 16.5%를 적용하면 월 290만 8056원을 수령할 수 있습니다. 다음 사례를 보겠습니다.

2. 만 35세부터 월 200만 원씩 연금 저축 계좌에서 매수하면 만 45세부터 월 300만 원 창출이 가능합니다.

만 44세까지 월 200만 원씩 납입했을 때

	평가 금액	원금	대출 가능 금액
45세	413,104,041	240,000,000	247,862,424
50세	665,308,189	240,000,000	399,184,913
55세	1,071,485,491	240,000,000	642,891,295

만 45세 이후에도 월 200만 원씩 투자했을 때

	평가 금액	원금	대출 가능 금액
45세	413,104,041	240,000,000	247,862,424
50세	835,848,531	360,000,000	501,509,119
55세	1,531,393,819	480,000,000	918,836,291

만 45세가 됐을 때 원금은 2억 4000만 원이 되는데 이 역시 원금이므로 자유롭게 인출이 가능합니다. 평가 금액 4억 1310

만 4041원을 0.833%로 계산하면 344만 2534원이 되고, 기타 소득세 16.5%를 적용하면 월 287만 4516원을 수령할 수 있습니다. 마지막 사례입니다.

3. 만 45세부터 월 300만 원씩 연금 저축 계좌에서 매수하면 만 52.5세부터 월 300만 원 창출이 가능합니다.

만 52.4세까지 월 300만 원씩 납입했을 때

	평가 금액	원금	대출 가능 금액
52.5세	403,086,500	270,000,000	241,851,900
55세	511,540,432	270,000,000	306,924,259
60세	1,045,502,570	270,000,000	627,301,542

만 52.5세 이후에도 월 300만 원씩 투자했을 때

	평가 금액	원금	대출 가능 금액
52.5세	403,086,500	270,000,000	241,851,900
55세	619,656,061	360,000,000	371,793,637
60세	1,253,772,797	720,000,000	752,263,678

만 52.5세가 되면 원금은 2억 7000만 원이고 평가 금액은 4억 308만 6500원입니다. 이 금액에 배당 수익률 0.833% 적용하면 335만 9054원이 됩니다. 여기에 기타 소득세 16.5%를 적

용하면 매월 280만 4810원을 수령할 수 있습니다. 자, 이제 내가 만들 수 있는 현금 흐름은 얼마나 될지 직접 계산해 볼 차례입니다. 아래 표를 볼까요?

	공식	비고
만 55세 미만 수령	$\dfrac{\text{계좌 평가 금액}*10\%*(1-16.5\%)}{12}$	세액 공제를 받지 않은 투자 원금은 비과세
만 55세 이상/ 연간 1500만 원 이하	$\dfrac{\text{계좌 평가 금액}*10\%*(1-\text{연금 소득세})}{12}$	70세 미만: 5.5% 80세 미만: 4.4% 80세 이상: 3.3%
만 55세 이상/ 연간 1500만 원 초과	$\dfrac{\text{계좌 평가 금액}*10\%*(1-\text{종합 과세 혹은 }16.5\%)}{12}$	근로 및 사업 소득에 따라 종합 과세 혹은 분리 과세 선택

누구나 투자할 수 있는 금액이 다르고 투자할 수 있는 기간도 다르므로 계좌 평가 금액 산출법을 알고 있으면 좋습니다. 네이버 포털 사이트에서 제공하는 적금 계산기를 활용할 수 있습니다. 우선 내가 매월 투자할 수 있는 금액과 투자 가능 기간을 선택합니다. 연평균 수익률은 10%로 가정하고 주식 투자는 복리이니 월복리를 선택합니다. 우리는 절세 계좌를 활용할 테니 비과세를 선택하면 됩니다. 이제 평생 월 300만 원을 만들 수 있는 실현 가능한 계획을 다음 미션에 맞게 작성해 보세요.

📅 절세 계좌 운용 계획 리포트

> **예시)** 투자 가능 금액과 절세 계좌를 어떻게 운용할지 계획하고 작성해 보겠습니다. 정답은 없지만 내가 투자할 수 있는 상황을 정확하게 알아보고, 투자 금액 안에서 어떤 계좌를 활용할지 고민해 보세요. 머릿속으로만 그려 왔던 막막함이 조금씩 선명해질 겁니다.

1. **월 투자 가능 금액:** 200만 원

2. **투자 가능 기간:** 13년

3. **예상 평가 금액(네이버 적금 계산기 활용):** 641,199,373원

4. **월 수령 가능 금액:** [641,199,373*10%*(1-16.5%)]/12=4,461,679원

5. **계좌 배분 계획**
   1) 연금 저축 계좌(세액 공제용): 50만 원
   2) 일반형 ISA 계좌: 40만 원
   3) 연금 저축 계좌(세액 공제 받지 않는 용): 110만 원

6. **계좌 배분 이유:** 투자 가능 금액 200만 원에서 연금 저축 계좌에서 세액 공제를 받을 수 있는 1년 한도를 채우고, ISA 계좌에 40만 원을 납입합니다. 40만 원만 납입하는 이유는 10%의 수익률을 가정했을 때 3년 동안 계좌를 유지하면 비과세 200만 원까지 수익이 나기 때문입니다. 그리고 나머지 투자 가능 금액 110만 원은 세액 공제를 받지 않는 연금 저축 계좌에 납입할 계획입니다.

1. 월 투자 가능 금액:

2. 투자 가능 기간:

3. 예상 평가 금액(네이버 적금 계산기 활용):

4. 월 수령 가능 금액:

5. 계좌 배분 계획

6. 계좌 배분 이유:

3장

안정적인 수익을 위한 투자 공식

주식 시장에서 벌어지는 일

지난 1장에서 강남 아파트 같은 주식을 모아야 한다고 말씀드렸습니다. 이번 3장에서는 좀 더 구체적으로 어떤 종목을 모아야 하는지, 각 종목에 어떤 특징이 있는지를 설명드리려고 합니다. 투자 강의를 하다 보면 보통 강의 말미에 이런 질문이 많이 나옵니다. "이렇게 좋은데 다른 사람들은 왜 주식 투자를 하지 않는 걸까요?" 그러면 저는 "글쎄요"라고 말씀드리면서 그저 웃음을 짓습니다. 그리고 덧붙여서 "지금 이 마음 꼭 변치 않으시길 바라겠습니다"라고 말씀을 드리죠. 아마도 이 책을 읽고 계신 많은 독자님들 중에도 '그동안 내가 왜 강남 아파트 같은 주식을 사려고 하지 않았을까?' 하고 생각하신 분들이 많으실 겁니다.

그동안 제 강의를 들어 온 수많은 수강생님들과 유튜브 구독자님들의 첫 반응도 똑같았습니다. 하지만 안타깝게도 처음 가졌던 마음가짐을 그대로 유지하지 못하는 분들이 대부분입니다. 그 이유를 간단하게 요약하면 경험의 부족을 꼽겠습니다. 구체적으로 강남 아파트 같은 종목을 다루기 전에 예방 주사를 맞는 차원에서 앞으로 주식 투자를 하면서 겪게 될 시장의 분위기에 대해 이야기해 보겠습니다. 이해하기 수월하도록 주식 시장을 크게 여섯 단계로 나누었습니다. 주가 상승의 초기, 중기, 말기, 그리고 주가 하락의 초기, 중기, 말기로 나누어 설명하겠습니다.

1. 주가 상승 초기

주가 상승 초기에는 신규 투자자가 거의 없습니다. 대부분의 사람들이 아직까지 주식 투자에 관심을 갖지 않는 시기입니다. 아무리 오랫동안 투자를 계속해 온 사람일지라도 정확하게 주가가 상승하기 시작하는 시점을 간파해서 큰 금액을 투자하는 사람은 많지 않습니다. 대부분 가격 하락기에도 꾸준한 투자를 해서 이 시기부터 수익을 내기 시작하는 구조입니다. 경우에 따라 큰 금액을 투자해서 매수하고, 특히 소수의 종목에 집중적으로 투자하여 큰 성과를 낸 사람들이 나타나기 시작합니다. 그리고 큰 수익을 낸 몇몇 종목의 투자 아이디어와 성공 스토리를 바탕으로 책이 출간되고 강의가 만들어지기도 합니다.

2. 주가 상승 중기

성공 스토리가 점차 널리 알려지면서 발 빠른 신규 투자자들이 유입되기 시작합니다. 이 시기는 대세 상승장이기 때문에 어지간히 이상한 종목을 매수하는 것이 아니라면 대체로 사면 오르는 시기입니다. 보통은 이 시기에 대형주의 주가가 많이 오르는데 대부분의 초보 주식 투자자들은 이미 친숙한 대형주 위주의 투자를 하기 때문에 쉽게 수익을 낼 수 있습니다. 하지만 아직까지는 신규 투자자들의 투자 금액이 크지 않습니다. 여전히 본인이 주식 초보라는 것을 지각하고 있고, 주식 투자는 위험하다는 인식을 갖고 있기 때문입니다. 하지만 주가가 점점 오르면서 매수 금액을 더 크게 해야 할지 고민이 되는 시기이기도 합니다.

앞서 말씀드린 것처럼 이 시기에는 어떤 종목에 투자를 해도 대부분 다 오릅니다. 모두가 행복한 호황을 타는 시기입니다. 이럴 때 태어나서 처음 들어 보는 온갖 새로운 분석법들이 나오기 시작합니다. 어차피 어떤 종목을 매수해도 오르는 시기이기 때문에 결과적으로 온갖 투자 분석 방법들이 맞다는 결론을 쉽게 얻을 수 있기 때문입니다.

3. 주가 상승 말기

주가 상승 말기는 주식 투자를 처음 시도하는 소위 '주린이'들의 유입이 가장 많은 시기입니다. 보통은 가격 상승 중기에 유입된 신규 투자자들이 수익을 내고 있다는 소문을 듣고 주식 투자를 하는 분들이 많습니다. 투자를 하기만 하면 항상 마이너스였던

내 친구도 돈을 벌고, 방송에서는 연이어 주가가 오른다는 이야기가 나옵니다. 여기서 더 늦기 전에 매수해야 한다는 심리가 발동되어 주식 투자를 결심합니다. 이 시기에는 수많은 주식 투자 고수들이 나타나기 시작합니다. 어디에 투자를 해도 주가가 상승하는 시기를 지나고 있기 때문에 실제로 자신이 투자 고수가 된 것처럼 착각하기 쉽습니다.

동시에 주가 상승 말기는 신규 주식 투자자들이 가장 위험한 투자를 하기 쉬운 시기이기도 합니다. 참 이상합니다. 주식을 한 번도 해 보지 않았다면 보수적으로 투자를 해야 할 것 같은데 실제로 가장 위험한 투자를 하기가 쉽습니다. 주가 상승 초기 또는 중기에 빨리 진입한 투자자들의 투자 금액은 커지고 종목 선정도 과감해집니다. 주식 투자가 어려운 줄만 알았는데 막상 투자를 해 보니 생각보다 쉽다는 생각이 들기 때문입니다. 그리고 주가 상승 중기를 지나면서 배출된 투자 고수들이 곳곳에서 리딩을 하며 여러 종목을 추천하는데, 성장 스토리가 있지만 이익은 잘 나지 않는 종목들이 대부분입니다.

어디에 투자해도 주가가 상승하는 초기와 중기 시기를 거치면서 실적 등을 따지며 투자하지도 않았고, 잘 모르는 종목의 성장 가능성을 듣게 되면 나만 아는 종목을 발견한 것 같은 느낌이 듭니다. 하지만 우리는 직접 또는 간접 경험을 통해 이런 종목에 투자한 결과가 어떤지 이미 잘 알고 있습니다.

4. 주가 하락 초기

가격 상승 말기에 유입된 신규 투자자들의 마음이 혼란스러워집니다. 사면 오를 것 같았는데 막상 주가는 잘 오르지 않고 내가 산 주식의 주가는 급등과 급락을 반복합니다. 하지만 여러 투자 고수라는 사람들의 콘텐츠를 보면 언제까지나 상승할 수는 없고, 이 정도의 조정은 당연한 것이라 말합니다. 이 말에 큰 위안을 얻지만 생각보다 주가가 오르지 않는 기간이 점차 길어지니 마음이 불안합니다. 주가가 급등하는 날도 있지만 더 크게 하락하는 횟수가 늘어나면서 결과적으로 주가가 조금씩 떨어집니다.

5. 주가 하락 중기

본격적으로 주가 하락의 폭이 커지는 시기입니다. 언제 그랬냐는 듯이 사람들의 관심은 주식 투자에서 멀어집니다. 그런데 이 시기에 인기를 끄는 콘텐츠들이 있습니다. 바로 경제 전망에 관련된 콘텐츠입니다. 주식 계좌를 열어 보면 마음이 쓰리기 때문에 MTS는 삭제하지만, 언젠가 오를 것을 기다리며 경제 전망을 예측하는 콘텐츠로 눈길을 돌립니다. 그런데 이 시기의 경제 전망은 앞으로 더 나빠질 것이라는 이야기뿐입니다. 원래 콘텐츠는 그렇습니다. 오를 땐 더 오른다고 이야기하고, 하락할 땐 더 하락한다고 이야기 합니다. 그래야 사람들이 공감을 하고 옳은 말을 한다고 생각하기 때문입니다. 주가 상승 말기에 이런 경고를 해 주었더라면 얼마나 좋았을까요?

그러면서 이 시기의 하락을 예상하고 가격 상승 말기 정점에서 매도했다는 사람들이 등장하기 시작합니다. 잠깐의 조정기가 아니라 진짜 하락장이라는 것을 확인한 후에 등장하는 것입니다. 그리고 이들 역시 앞으로 적어도 몇 년 동안은 주가가 하락할 것이라고 예언합니다. 동시에 원래 주식은 사고팔아야 내 돈이 되는 거라면서 매수와 매도 타이밍을 강조하기도 합니다. 하지만 결국 이들의 예측은 대부분 틀립니다. 그러고 나서야 역시 주가는 아무도 예측할 수 없다는 사실만을 깨닫게 됩니다.

6. 주가 하락 말기

주가 하락 말기에는 주식 투자를 하고 있으면 주변 사람들이 아직도 주식 투자를 하냐고 묻습니다. 마치 유행이 한참 지난 아이템 같은 취급을 받기 십상입니다. 이 시기에 대다수의 사람들은 투자에 관심이 없어지고 소수의 투자자만이 존재하게 됩니다. 주가 상승기에 쌓였던 모든 거품이 빠지고 저평가되는 종목들이 많이 생깁니다. 투자자 입장에서는 하락기가 언제까지 이어질지 두려운 시기이기도 합니다. 현재 주가가 저렴하더라도 결국 주가가 올라야만 수익을 볼 수 있는데 언제 반등할 수 있을지 아무도 예상할 수 없습니다.

주식 시장은 위의 여섯 가지 패턴이 순환하는 과정의 연속입니다. 그렇다면 어떻게 해야 주식 시장에서 수익을 낼 수 있을까요? 물론 주가를 예측할 수만 있다면 하락기에 매수해서 상승기에 매도하면 됩니다. 하지만 주가는 이미 오르거나 하락한 다음에야 상승장 또는 하락장이었음을 알 수 있습니다. 참고로 2022년 미국의 급격한 기준 금리 인상 때문에 미국의 S&P 500 지수가 20% 가량 급락한 적이 있었는데, 수많은 콘텐츠에서 S&P 500 지수의 하락을 예측했지만 누구도 이 정도로 큰 폭의 하락을 예측하지는 못했습니다.

따라서 주식 시장의 상승과 하락을 예상하고 맞추면서 주식 투자에서 수익을 내는 것이 핵심이 아니라는 점을 강조하고 싶습니다. 주가가 하락하는 중기와 말기에 가능한 한 많이 매수해서 가격 상승까지 인내하며 버티는 것이 핵심입니다. 마치 강남 아파트에 투자하는 마음가짐처럼 말이죠. 이렇게 사이클을 여러 번 돌리고 그 과정에서 흔들리지 않고 버티다 보면 나도 모르게 자산이 성장해 있음을 확인할 수 있습니다. 즉 한 번에 영혼까지 끌어모아 단번에 승부를 보겠다는 마음을 버려야 합니다. 그것은 도박할 때의 마음가짐과 다르지 않습니다.

S&P 500 지수가 장기간 우상향했다는 사실을 과거의 통계로 입증했습니다. 장기간 우상향하는 주식을 매수하면 나의 자산도 계속해서 우상향할 수 있습니다. 그런데 왜 일찌감치 주식을 매도해서 수익화를 해야 하는 걸까요? 힘들고 어려운 장기 투자를 하자는 것이 아닙니다. 계속해서 꾸준히 수익을 낼 수 있기 때문에 시장을 떠나지 말자는 것입니다. 여러분은 지금 어느 시

점에서 이 책을 읽고 계신지 궁금합니다. 주식 시장이 상승기라면 좋은 기운을 받아 흥분해 투자를 시작할 수도 있겠습니다. 하지만 너무 좋아하기는 아직 이릅니다. 주식 시장에서 상승과 하락은 반드시 반복되기 때문입니다.

현재 주식 시장이 하락기라면 좌절하고 낙담할 것이 아니라, 투자의 경험치를 빨리 쌓을 수 있는 기회로 여기면 됩니다. 하락장에 좋은 주식을 계속해서 매수하며 버티는 경험을 쌓고 다시 상승기를 맞이하면 나도 모르게 실력이 급상승할 것입니다. 우리는 지금 좋은 주식만을 매수하고 있습니다. 상승기든 하락기든 예언가들은 반드시 틀립니다. 하지만 자기 자신을 믿고 좋은 투자를 계속해서 이어 가다 보면 자산은 반드시 커져 있습니다.

월 300만 원 버는 주식 투자 공식

강남 부동산 같은
주식이 있다면?

앞서 강남 아파트 같은 주식을 매수해야 한다고 강조하여 말씀드렸습니다. 간단히 복습하면 보통 사람들이 생각하는 강남 아파트 같은 자산은 돈이 생길 때마다 계속 모으고 싶은 자산, 큰 문제가 없다면 절대로 팔고 싶지 않은 자산(증여까지 하고 싶은 자산), 가격이 떨어져서 매입할 수 있는 기회가 온다면 바로 구입하고 싶은 자산, 내가 산 가격보다 하락해도 결국 오를 것이라는 믿음으로 덤덤하게 받아들일 수 있는 자산이었습니다.

저는 주식 시장에서 강남 부동산과 같은 자산, 어쩌면 그보다 훨씬 더 좋은 자산으로 S&P 500 지수를 추종하는 ETF를 제안하려고 합니다. 1장에서 이미 ETF의 개념과 분석 도구들을 살펴보았습니다. 잘 기억이 나지 않는다면 얼른 55쪽으로 되돌아가서 다시 읽고 오시기 바랍니다. 이제 실전으로 들어가서 ETF의 종목을 제대로 알아보겠습니다.

❶ ETF 브랜드 ❷ 투자하는 국가 ❸ 추종하는 지수

가장 첫 번째 자리에는 ETF 종목의 브랜드명이 붙습니다. ETF는 일종의 펀드로서 자산 운용사의 펀드 매니저들이 운용하게 되는데요. 각 자산 운용사마다 자신들의 ETF 브랜드를 만들고, 운용하는 ETF의 이름에 붙입니다. ACE 한국투자신탁운용, KODEX 삼성자산운용, TIGER 미래에셋자산운용, RISE KB자산운용, KOSEF 키움투자자산운용 등이 있습니다. 두 번째는 주로 투자하는 국가명이 붙습니다. 만약 아무런 국가 표기가 없으면 국내 기업들에 투자한다고 이해하셔도 좋습니다. 마지막은 ETF가 추종하는 지수의 이름 또는 투자 스타일을 표현합니다.

이제 구체적으로 예를 들어 보겠습니다. 'ACE 미국S&P500'이라는 ETF의 이름은 어떻게 풀이할 수 있을까요? ACE는 한국투자신탁운용에서 운용하는 ETF의 이름에 붙고요. 미국이 눈에 띄는 것으로 보아 이 ETF는 미국 기업들에 투자할 것으로 예상할 수 있습니다. 그리고 아직은 정확하게 이해를 하지 못하더라도 한 번쯤은 들어 봤을 S&P 500이라는 지수를 추종하는 ETF라는 것을 확인할 수 있습니다. 그렇다면 이제 S&P 500 지수를 이해할 차례입니다. S&P 500은 미국 증권 거래소에서 상장된

500개의 우량 기업들의 주가 성과를 추적하는 주가 지수입니다. 미국 주식 시장을 대표하는 지수이기도 합니다.

앞서 S&P 500 지수를 강남 부동산과 같은 자산이라고 언급했습니다. 미국 경제는 과거에도 그랬고 현재에도 미래에도 전 세계에 커다란 영향을 미칠 겁니다. 우리나라도 당연히 예외는 아닙니다. 아래 그래프는 140여 년 동안 S&P 500 지수의 주가를 나타난 그래프입니다.

S&P 500 지수는 1957년 3월 4일부터 발표되기 시작했지만 1800년대 후반의 수치도 역산하여 산출할 수 있습니다. 그 결과를 보면 장기간 우상향했습니다. 이렇게 장기간 우상향했다는

사실은 개인 투자자들이 그토록 어려워하는 매수 타이밍이 상대적으로 덜 중요했다는 뜻입니다. 내가 얼마에 매수를 했든 결국 내가 산 가격보다 주가가 더 올라서 수익을 낼 수 있다는 것을 의미하기 때문입니다. 투자자들이 주식 투자로 손실을 보는 근본적인 이유는 주가가 오를지 떨어질지 몰라서입니다. 반드시 오를 것이라는 확신이 있다면 당장 주가가 떨어지더라도 매도하지 않고 기다리면 되는데, 이걸 모르기 때문에 손실을 보더라도 매도하는 것입니다.

대부분의 투자자들은 장기간 우상향할지 아닐지에 관심이 없습니다. 그보다는 단기로, 혹은 몇 개월 안에 얼만큼의 수익률을 내기만을 기대하고 매수합니다. 하지만 기대와 달리 무조건 오를 것 같던 주가가 내가 사면 이상하게 큰 폭으로 하락합니다. 마치 누군가 내 계좌를 보고서 몰래카메라라도 찍고 있는 듯한 착각이 들 정도입니다. 그리고 이렇게 주가가 하락하면 결국 매도를 하게 됩니다. 계속 보유하다가는 손실이 더 커질 것 같고 기다린다고 한들 내가 매수한 가격에 영영 도달하지 못할 것 같은 불안감 때문입니다.

하지만 S&P 500 지수의 장기간 우상향한 역사에서 확인할 수 있듯이 S&P 500 지수는 결국 상승했습니다. 만약 여러분 중에 단기 투자로 꾸준히 수익을 낼 수 있는 분이 있다면 S&P 500 투자를 권하지 않겠습니다. 그러나 대부분의 투자자들은 이 경우에 속하지 않을 것입니다. 그렇다면 140년이 넘도록 우상향의 역사를 지켜 온 S&P 500 지수를 추종하는 ETF(이하 S&P 500 ETF)에 적극적으로 투자해야 합니다.

주식 투자 하면 떠오르는 인물을 말해 보라고 하면 주식 투자를 하지 않는 사람들도 쉽게 떠올리는 인물이 바로 워런 버핏입니다. 해마다 조사하는 세계 10대 부자 리스트에 빠짐없이 등장합니다. 그런데 그가 더욱 대단한 것은 일론 머스크, 제프 베이조스, 마크 저커버그 같은 글로벌 그룹 창업주들 사이에서도 유일한 투자가라는 사실입니다. 전 세계의 투자자들은 그가 어떤 종목을 매수하고 매도하는지에 큰 관심을 갖습니다. 얼마 전에 워런 버핏이 보유하고 있던 애플 주식을 절반 가까이 매도했다는 사실이 발표되자 애플의 주가가 급락할 정도로 주식 시장에서 워런 버핏의 영향력은 누구보다도 막강합니다.

그런 그가 2017년 직접 운영하는 버크셔 해서웨이의 주주 총회에서 "제 생각에는 대부분의 사람들에게 가장 좋은 일은 S&P 500 인덱스 펀드를 소유하는 것입니다(In my view, for most people, the best thing is to do is owning the S&P 500 index fund)"라고 말한 것은 아주 유명한 일화입니다. 그뿐만 아니라 자신이 사망한 후 남겨질 유산의 90%를 S&P 500 펀드에, 나머지 10%를 단기 채권(현금성 자산)에 투자하라고 말하기도 했습니다. 장기간 우상향할 가능성이 가장 높은 S&P 500 주식의 가치를 워런 버핏도 인정한다는 예시로 보기에 충분합니다.

워런 버핏의 스승이자 증권 분석의 창시자인 벤저민 그레이엄은 저서를 통해 "인덱스 펀드는 개인 투자를 위한 최선의 선택이지만, 파티에서 자랑할 수 없는 지루한 투자"라고 언급했습니다. 비록 재미없는 투자이기는 하지만 S&P 500에 지속적으로 투자한다면 개인 투자자는 전문 투자자의 수익을 확실히 능가할 것이라고도 말했죠. 사실 많은 투자자들이 S&P 500 ETF에 투자하는 것이 가장 확실한 주식 투자 방법임을 알고 있습니다. 그런데 왜 투자하지 않느냐고 물어보면 대개 수익이 크게 나지 않기 때문이라고 답변합니다. 하지만 벤저민 그레이엄은 S&P 500 ETF에 꾸준히 투자했을 때의 성과가 전문 투자자들의 성과를 '확실히' 능가할 것이라고 이야기하고 있습니다.

그럼에도 불구하고 대다수의 개인 투자자들은 이 사실을 인정하지 않고 부정합니다. 개인 투자자들이 단순하게 운이 좋아 단기에 수익을 낸 것을 본인의 실력이라 판단하고, 계속해서 비슷한 수익을 낼 수 있다고 착각하기 때문입니다. 특히 어떤 주식을 사도 주가가 오르는 주가 상승기에는 이런 오류에 빠지기 쉽습니다. 하지만 작은 하락기만 맞이하더라도 오히려 훨씬 큰 폭으로 주가 하락을 겪고 다시 겸손한 투자자가 됩니다.

또한 벤저민 그레이엄은 사람들이 S&P 500 ETF에 투자하지 않는 이유로 지루함을 꼽았습니다. 이에 대해서 저는 명확하게 말할 수 있습니다. 여러분들께서는 지루하지 않기 위해서 투자를 하시는 건가요? 누군가에게 자랑하기 위해서 주식 투자를 하시는 것도 아닐 것입니다. 그보다는 내가 열심히 아끼고 모은 돈을 좀 더 효율적으로 불리고 싶어서, 안정적으로 노후를 대비하여 행복한 인생을 만들어 가고 싶은 건전한 목적으로 투자를 시작하셨을 것입니다. 지루함을 잊고 싶다면 취미 생활에 집중하거나 가족 또는 연인과 함께하는 시간을 늘려야 합니다.

S&P 500 지수가 아무리 장기간 우상향했다고 하더라도 큰 폭의 하락이 없었던 것은 아닙니다. 실제로 2000년대 이후 S&P 500 지수는 반 토막에 가까운 하락을 두번이나 경험했습니다. 하지만 결론부터 말씀드리자면 이 시기에 더욱 적극적인 투자를 하는 것이 기회로 작용했습니다. 1990년대 후반부터 2000년 초반까지 인터넷 관련 기업들의 주가가 급등했던 적이 있습니다. 주가가 과도하게 상승하면서 말 그대로 주가에 거품이 꼈고 이후로 2, 3년 동안의 하락기가 있었습니다. 당시 S&P 500지수는 고점 대비 44.71%나 하락했습니다.

비교적 많은 분들께서 기억하고 계실 2008년에는 서브프라임 모기지 사태가 발생하면서 S&P 500 지수가 또다시 큰 폭의 하락을 맞이했습니다. 고점 대비 50.8%나 하락했죠. 하지만 여기서도 우리는 잊어서는 안 됩니다. S&P 500 지수는 큰 위기에도 불구하고 결국 우상향했습니다. 이 말은 무엇을 의미할까요? 큰 폭의 주가 하락으로 많은 사람들이 두려워할 때가 바로 매수 기회였음을 의미합니다.

(출처: Yahoofinance)

　　주가 하락이 오히려 매수의 기회라는 말에 대한 이해를 돕기 위해 한 가지 시뮬레이션을 준비했습니다. 위 그래프는 2000년 1월부터 2013년 12월까지 S&P 500지수의 흐름을 나타낸 것입니다. 이 시기를 준비한 이유는 앞에서 말씀드린 닷컴버블과 서브프라임 모기지 사태로 인한 큰 폭의 주가 하락이 10년도 되지 않는 기간 동안에 두 번이나 발생하였기 때문입니다. 어쩌면 앞으로 S&P 500 ETF에 투자하면서 이보다 더 힘든 시기가 또 있을까 싶을 정도로 투자자들에게 연이은 두 번의 큰 하락은 상당히 괴로운 시기였습니다.

　　위 표에서 파란색으로 표시한 부분은 S&P 500 지수가 고점 대비 20% 이상 하락한 지점입니다. S&P 500 ETF를 꾸준히 모으다 보면 다른 주식 종목들과 마찬가지로 주가 상승기와 하락기를 맞이하게 됩니다. 주가 하락기가 시작되어 약 20% 정도 하락할 때까지는 그래도 견딜 만한 수준이라고 생각할 수 있습니다. 하지만 그보다 더 크게 하락하면 사정이 좀 달라집니다. 계속 매수하는 것이 맞는지, 이러다가 정말 미국이라는 나라가 망하는 것은 아닌지 별의별 의심이 꼬리를 물 정도로 공포에 질리게 됩니다.

그래서 대부분의 투자자들은 아무리 장기간 우상향할 것이라는 굳은 확신을 갖고 투자를 시작해도 막상 주가가 크게 하락하는 시점이 오면 계속 투자를 이어 가기가 어렵습니다. 우리는 로봇이 아닌 감정을 가진 인간이기 때문에 그렇습니다. 그래서 고점 대비 20% 이상 하락한 부분과 그렇지 않은 두 부분으로 구분하였습니다. 그리고 2000년 1월부터 2013년 12월까지 매월 초에 S&P 500 ETF를 꾸준히 매수했다고 가정하고, 주가가 크게 하락한 부분과 그렇지 않은 부분의 성과를 비교했습니다. 과연 어떤 결과가 나왔을까요?

파란색으로 표시된 웅덩이 부분은 투자 원금이 8200만 원이었고 2013년 12월 말의 잔액은 약 1억 7100만 원이었습니다. 즉 투자 수익은 약 8900만 원입니다. 파란색 표시 외의 부분은 투자 원금이 8600만 원이고, 2013년 12월 말의 잔액은 1억 2900만 원으로 수익은 약 4300만 원이었습니다. 두 구간의 투자 원금은 비슷한데 수익은 두 배 이상 차이가 났습니다. 따라서 주가 하락기야말로 결국 우상향할 가능성이 높은 S&P 500과 같은 주식을 더 열심히 모을 시기라는 것을 시뮬레이션 결과를 통해 확인할 수 있었습니다.

"거인의 어깨에 올라타라"라는 말이 있습니다. 내가 직접 경험하지 못한 것이라도 나보다 앞서 경험한 선배들의 경험을 최대한 활용하라는 의미입니다. 이런 관점에서 워런 버핏과 그의 스승 벤저민 그레이엄의 투자 경험을 빌린다면 S&P 500 ETF에 투자하는 것을 결코 그저 그런 성과의 지루하고 재미없는 투자로 폄하하지는 못할 것입니다. 그리고 투자자들이 투자하면서 가장 두려워지는 주가 하락의 시기에도 S&P 500 ETF의 장기 우상향하는 힘을 확인했다면 위기가 아니라 기회로 바꿀 수 있음을 확인했습니다.

만약 이 사실에 동의하신다면 평생 월 300만 원의 현금 흐름을 달성하기 위해 S&P 500 ETF, 그리고 그와 유사한 속성으로 함께 매수할 수 있는 종목들에 대한 자세한 분석을 이어 가겠습니다. 이번 장에서 지수를 강조하여 소개하고자 합니다. ETF에 투자를 할 테지만 결국 ETF의 성과는 어떤 지수를 추종하는지에 따라 크게 달라지기 때문입니다. 따라서 지수를 먼저 소개하고 해당 지수를 추종하는 ETF 중에서 어떤 ETF가 투자하기 좋은지 안내하겠습니다.

지수를 분석할 때 크게 TOP 10 보유 종목, 섹터 구성, 기업 규모에 따른 투자 비중, 가치주와 성장주의 구분에 따른 투자 비중으로 나누어 진행됩니다. 이 네 가지가 지수를 분석할 때 가장 핵심적인 내용이기 때문에 앞으로 새로운 ETF가 상장될 때에도 네 가지 지수를 순서대로 살펴보면 ETF의 특징을 파악하는 데 큰 도움이 됩니다. 이제부터 네 가지 내용을 자세하게 알아보겠습니다.

1. TOP 10 보유 종목

우리는 ETF에 투자할 것입니다. ETF에 투자하는 궁극적인 이유는 잃지 않는 투자를 하기 위함이고요. 잃지 않는 투자를 하기 위해서 기본적으로 선행되어야 하는 것이 바로 분산 투자입니다. 내가 1번 ETF를 매수하면서 주로 투자하게 되는 종목이 A, B, C라고 가정했을 때 2번 ETF를 추가로 매수해서 오히려 더 많은 비중으로 A, B, C 종목에 투자하게 된다면 분산 투자의 효과를 잃게 됩니다. 따라서 TOP 10 보유 종목을 살펴 나의 투자 포트폴리오가 특정 종목에 편향되지는 않을지 미리 짐작하는 것이 필요합니다.

2. 섹터 구성

섹터 구성을 살펴보는 가장 큰 이유는 이 지수가 앞으로 어떤 투자를 하게 될지 가늠하기 위함입니다. 앞에서 섹터별로 각각 어떤 특징이 있는지 확인했습니다. 예를 들어 정보 기술 섹터는 최근 매출과 이익의 성장이 큰 기업들이 대거 포함되어 있습니다. 따라서 내가 정보 기술 섹터의 비중이 높은 ETF를 매수했다면 최근의 주가 성과가 좋고, 매출과 이익이 잘 성장하는 만큼 배당 성장도 기대할 수 있습니다. 또한 상대적으로 배당금이 적기 때문에 배당 수익률은 다소 낮을 것이라고 미리 예상할 수 있습니다.

3. 기업 규모에 따른 투자

기업의 시가 총액에 따라 대형주, 중형주, 소형주로 구분할 수 있습니다. 보통의 경우 주식 시장의 대세 상승 초기에는 대형주의 주가부터 우선하여 상승을 하고, 대형주의 주가 상승세가 한계에 다다르면 그 이후로 중형주와 소형주의 주가가 상승하는 경향이 있습니다. 따라서 나의 투자 포트폴리오에서 대형주뿐만 아니라 중형주와 소형주에도 골고루 투자하는 것이 시기에 따른 큰 편차 없이 안정적인 투자 성과를 얻을 수 있는 방법이 될 수 있습니다.

4. 가치주와 성장주 구분에 따른 투자

주식 투자에 조금이라도 관심이 있으신 분들이라면 한 번쯤은 가치주와 성장주에 대해서 들어 보셨을 것입니다. 사실 가치주와 성장주는 마치 칼로 무를 자르듯 정확하게 구분할 수 있는 것은 아닙니다. 투자자마다 가치주와 성장주를 정의하는 기준이 다르기 때문입니다. 보통 성장주는 매출이나 이익 등의 실적에서 앞으로의 고성장이 예상되지만 현재 매출과 이익은 상대적으로 크지 않은 주식을 의미합니다. 반면 가치주는 매출이나 이익 등의 실적에서 앞으로의 고성장이 예상되지는 않지만 현재 매출과 이익은 상대적으로 큰 주식을 뜻합니다.

여기서 잘못된 오해를 짚고 넘어갈 필요가 있습니다. 개인 투자자들이 흔히 성장주는 앞으로 주가가 많이 오를 주식, 가치주는 주가가 잘 오르지 않는 주식이라고 오해하는 경우가 많다는 것입니다. 이런 오해는 특히 팬데믹 이후로 테슬라를 비롯한 성장주들의 주가가 크게 상승하면서 발생했습니다. 하지만 투자는 그렇게 간단하지 않습니다. 성장주들은 이미 매출과 이익 등의 실적이 앞으로 크게 성장할 것이라는 정보가 알려져 있습니다. 따라서 충분히 비싼 가격에 사람들이 성장주 주식들을 매수하고 있다는 것을 의미합니다. 이미 비싼 가격에 거래되고 있기 때문에 앞으로 발표될 실적은 지금까지 예상된 것을 훨씬 뛰어넘는 기대 이상의 성과를 내야지만 추가적인 주가 상승이 가능해집니다.

반대로 가치주의 주가에는 성장에 대한 기대감이 크게 반영되지 않았을 가능성이 높습니다. 하지만 가끔씩 기대 이상의 실적을 보이기도 합니다. 가치주라고 할지라도 예상치 못한 실적의 성장을 보일 때 주가는 매우 크게 상승합니다. 따라서 성장주와 가치주의 구분에 따라 주가가 더 많이 상승할 종목이 구분되는 것이 아니라는 점을 기억해야 합니다.

S&P 500 지수의 TOP 10 보유 종목

종목명	비중
애플	7.17%
마이크로소프트	6.90%
아마존	3.24%
엔비디아	2.99%
알파벳 class A	2.28%
메타	1.97%
알파벳 class C	1.96%
버크셔 해서웨이	1.73%
테슬라	1.65%
유나이티트헬스 그룹	1.36%

S&P 500 지수의 섹터 구성

종목명	비중
정보 기술	28. 63%
헬스 케어	13.40%
금융 서비스	12.12%
순환 소비재	10.59%
통신 서비스	9.11%
산업재	8.14%
방어 소비재	6.46%
에너지	4.70%
유틸리티	2.40%
부동산	2.30%
기초 소재	2.14%

월 300만 원 버는 주식 투자 공식

S&P 500 지수를 구성하는 상위 10개 기업부터 살펴보겠습니다. 애플, 마이크로소프트, 아마존, 테슬라 등등 이미 우리에게 너무나 익숙한 빅 테크 기업들이 눈에 띕니다. 섹터 구성을 보면 정보 기술과 헬스 케어 섹터의 비중이 전체 섹터 비중의 절반 가까이 차지하고 있습니다. 이 두 개의 섹터에는 최근에 이익이 크게 증가하고 주가도 동반 성장한 기업들이 많습니다. 따라서 배당 측면에서는 현재의 배당 수익률이 크지 않지만, 지속적으로 실적이 성장하면서 안정적인 배당 성장을 이룬 기업들이 많이 포함되어 있습니다. 더불어 장기적인 이익의 성장과 함께 앞으로도 배당금이 꾸준하게 증가할 것을 기대하며 투자할 수 있습니다.

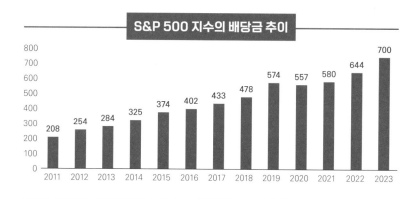

일반적으로 S&P 500 지수를 배당의 관점에서 접근하는 사

례는 드뭅니다. 하지만 사실 S&P 500 ETF도 장기간 배당금이 성장하는 좋은 배당 ETF입니다. 만약 2011년에 1억 원을 투자했다면 1년 동안 받게 되는 배당금은 208만 원이었습니다. 그런데 계속 배당금을 재투자하면서 S&P 500 ETF를 보유했다면 해마다 배당금이 증가했기 때문에 2023년에 받게 되는 배당금이 700만 원에 이르게 됩니다. 그리고 1억 원을 투자한 주식은 약 4억 8000만 원이 되어 있었습니다. 즉 주가와 배당금이 함께 성장하는 이상적인 형태가 S&P 500 ETF에 투자하는 것만으로도 가능하다는 것을 알 수 있습니다.

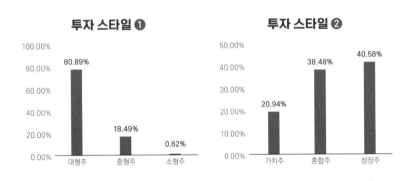

S&P 500 지수의 투자 스타일을 알아볼까요? 일반적인 S&P 500 지수는 시가 총액 가중 방식입니다. 이에 따라 대형주 위주의 투자를 하고, 상대적으로 중형주와 소형주 투자 비중이 낮습니다. 대형주 위주로 투자할 때의 장점은 소위 투자에서 소외감을 느끼지 않는다는 점입니다. 많은 투자자들이 애플, 마이크

로소프트, 아마존 같은 개별 기업의 주식에 투자하기 때문에 주변에서 주식 투자로 수익을 냈다고 할 때 함께 수익을 내고 있을 가능성이 높습니다. 뉴스나 신문, 유튜브 등의 여러 콘텐츠에서도 빅 테크 기업의 주가 상승을 쉽게 접할 수 있으므로 정보를 찾기도 쉽고 소외감 없는 투자가 가능합니다.

또한 대부분의 투자자들이 상대적으로 가치주보다는 성장주 위주의 투자를 하게 됩니다. 좀 더 높은 수익을 내기 위한 일종의 베팅입니다. 따라서 장기간 동안 저금리가 계속된다면 이전보다 더 좋은 성과를 낼 가능성이 높습니다. 하지만 그와 반대로 2022년처럼 급격한 금리 인상기가 닥친다면 주가에도 부침이 있을 수 있습니다.

지금까지 알아본 S&P 500 지수 투자의 장단점을 정리해서 살펴보겠습니다. S&P 500 지수의 가장 큰 장점은 장기간 꾸준하게 우상향한다는 사실입니다. 오랜 기간의 역사적 통계가 이를 너무나도 명료하게 보여 주고 있습니다. 장기간 우상향하는 속성 덕분에 초보 투자자들이 두려워하는 주가 하락기가 오히려 매수 기회인 자산이며, 투자 기간이 길어질수록 수익률도 높아집니다. 그리고 투자의 대가 워런 버핏과 벤저민 그레이엄이 유일하게 추천하는 자산 투자 방식이기도 합니다. 마지막으로 시장에서는 크게 주목하진 않지만 시세 차익과 배당금의 성장을 함께 달성할 수 있는 배당 성장주로서의 면모를 지니고 있기도 합니다.

하지만 여러 번 강조했듯이 S&P 500 지수라고 해서 항상 오르기만 하는 것은 절대 아닙니다. 주가가 상승하더라도 50%까지 손실을 이겨 내고 버텨야 했던 때가 있었습니다. 고점 대비 10% 이상 주가가 하락했던 경우도 비일비재했습니다. 이런 시기를 겪을 때마다 S&P 500 ETF에 투자하는 것이 맞는지 의문이 들 수도 있습니다. 장기간 우상향한 결과를 보면 힘들이지 않고 손쉽게 장기 성과를 달성할 수 있을 것 같지만 막상 내가 실천하기는 쉽지 않습니다.

그리고 성장주의 경우 금리의 변동에 따라 성과 편차가 클 수 있기 때문에 성장주가 많이 분포되어 있는 S&P 500 지수도 금리 인상이 급격하게 이루어졌던 2022년에는 주가가 크게 하락했다는 점을 유의해야 합니다. 따라서 장점과 단점을 모두 파악한 뒤, 한 종류의 ETF만을 매수하기보다는 여러 상황에 대응할 수 있는 포트폴리오를 구축하는 것이 필요합니다.

월 300만 원 버는 주식 투자 공식

주식을 매수한다면
이 중에서

S&P 500 ETF와 더불어 함께 투자하면 좋은 ETF들에 대해서 이야기해 보겠습니다. 앞으로 다룰 지수들은 미국 주식 시장에 상장되어 있는 모든 ETF(약 3700여 개)를 대상으로 했습니다. 그리고 최근 1년, 3년, 5년, 10년 동안 S&P 500 지수만큼 좋은 성과를 보인 ETF를 선별했습니다. 짧은 기간에는 S&P 500 지수만큼, 또는 그 이상의 성과를 내는 지수들이 많습니다. 하지만 개인 투자자들이 S&P 500 ETF에 장기 투자를 했을 때 전문 투자자보다 뛰어난 성과를 거둘 것이라는 벤저민 그레이엄의 말을 떠올려 본다면 어느 특정 구간에서 S&P 500 지수보다 뛰어난 성과를 얻는 것이 중요한게 아니라 장기 성과에 초점을 맞춰야 합니다.

특정 테마나 산업군에만 집중적으로 투자하는 ETF는 제외했습니다. 가장 대표적으로 반도체 업종을 꼽을 수 있는데, 최근 AI 테마가 크게 주목받으면서 반도체 관련 종목들의 상승세가 눈부셨습니다. 그 덕분에 최근 10년 동안 반도체 지수의 성과는 대체적으로 다른 어떤 종목보다도 뛰어났습니다. 하지만 섣불리 반도체 업종을 추천할 수는 없습니다. 여러분이 이 책을 언제 어느 시점에 접할지 알 수 없기 때문입니다. 따라서 투자 시점과 관계없이 안정감 있게 투자하고 모을 수 있는 종목을 안내하는 것이 좀 더 적합하다고 판단하였습니다.

마지막으로 해당 지수를 추종하는 ETF가 국내 주식 시장에 상장되어 있어서 절세 계좌를 통해 매수할 수 있어야 합니다. 2장에서 절세 계좌를 활용하여 미국 주식과 배당주를 매수할 때 세금을 줄여 더 큰 수익을 낼 수 있는 방법이라는 것을 배웠습니다. 그리고 평생 월 300만 원의 현금 흐름을 만들 수 있는 가장 효율적인 방법이 될 수 있다는 것도 확인했습니다. 따라서 절세 계좌를 적극적으로 활용할 수 있는 지수를 선택했습니다. 이런 까다로운 조건들을 충족시키는 첫 번째 지수는 나스닥 100 지수입니다. 나스닥 100 지수는 미국 나스닥 시장의 상장 종목 중에 금융 업종을 제외하고 시가 총액이 크며 거래량이 많은 100개의 기업으로 구성되어 있습니다.

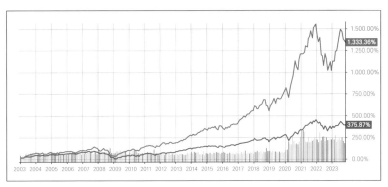

나스닥 100 지수의 구성 종목에서 S&P 500 기업이 차지하는 비중은 무려 84%나 됩니다. 결국 나스닥 100 지수가 S&P 500 지수와 같은 방향성으로 움직일 가능성이 높다는 것을 의미합니다. 이 말은 S&P 500 지수의 장기 우상향을 전제한다면 나스닥 100 지수도 장기 우상향을 전제로 하는 것이 합리적이라고 볼 수 있습니다. 그뿐만 아니라 나스닥 100 지수와 S&P 500 지수의 수익률을 나타낸 위의 그래프를 보면 2020년 이후 나스닥 100 지수가 S&P 500 지수보다 월등하게 뛰어난 성과를 보이고 있음을 확인할 수 있습니다.

나스닥 100 지수와 S&P 500 지수의 TOP 10 보유 종목

나스닥 100	
종목명	비중
애플	8.95%
마이크로소프트	8.48%
엔비디아	7.34%
아마존	5.10%
브로드컴	4.81%
메타	4.34%
테슬라	3.00%
알파벳 class A	2.66%
알파벳 class C	2.57%
코스트코	2.50%

S&P 500	
종목명	비중
마이크로소프트	6.92%
애플	6.87%
엔비디아	5.99%
아마존	3.66%
메타	2.20%
알파벳 class A	2.17%
알파벳 class C	1.82%
버크셔 해서웨이	1.72%
브로드컴	1.42%
일라이릴리	1.41%

월 300만 원 버는 주식 투자 공식

나스닥 100 지수와 S&P 500 지수의 섹터 구성

나스닥 100	
종목명	비중
정보 기술	51.18%
통신 서비스	15.26%
순환 소비재	12.65%
헬스 케어	6.40%
방어 소비재	6.14%
산업재	4.51%
유틸리티	1.21%
에너지	0.51%
금융 서비스	0.43%
부동산	0.22%
기초 소재	1.50%

S&P 500	
종목명	비중
정보 기술	32.11%
헬스 케어	12.06%
금융 서비스	12.64%
순환 소비재	10.17%
통신 서비스	8.82%
산업재	7.87%
방어 소비재	5.90%
에너지	3.66%
유틸리티	2.46%
부동산	2.29%
기초 소재	2.02%

나스닥 100 지수와 S&P 500 지수의 상위 열 개 기업 종목과 섹터 구성을 비교한 표를 다시 보겠습니다. 한눈에 봐도 겹치는 종목들이 많습니다. S&P 500 지수가 상승할 때 나스닥 100 지수 역시 상승하고, 하락할 때는 두 지수가 함께 하락하는 투자를 할 수밖에 없다는 결론이 납니다. 나스닥 100 지수는 장기간 우상향할 가능성이 높고, 최근 S&P 500 지수보다 월등히 뛰어난 성과를 보여 왔습니다.

나스닥 100 지수가 이러한 결과를 나타낸 가장 큰 이유는 최근 뛰어난 성장세를 보이고 있는 빅 테크 기업에 투자 비중이 매우 높기 때문입니다. 정보 기술, 통신 서비스, 순환 소비재 섹터의 투자 비중이 80%가 넘습니다. 이 섹터에서 빅 테크 기업들이 차지하는 비중은 압도적입니다. 따라서 나스닥 100 지수를 추종하는 ETF에 투자하면 성장성이 뛰어날 것으로 예상되는 빅 테크 기업에 집중적으로 투자할 수 있습니다. 또한 이 기업들은 앞으로도 성장 가능성이 높을 것으로 예상되기도 하죠.

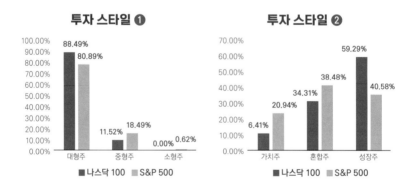

월 300만 원 버는 주식 투자 공식

나스닥 100 지수의 투자 스타일을 살펴보겠습니다. 앞서 말씀드린 바와 같이 나스닥 100 지수는 빅 테크에 집중적으로 투자하는 지수이기 때문에 대형주 투자 비중이 매우 높습니다. 그리고 성장주 투자 비중도 S&P 500 지수보다 훨씬 높습니다. 최근 계속해서 이어져 오는 장기 저금리의 트렌드가 바뀌지 않는다면 성장주의 비중이 높은 것이 장기적으로 좋은 성과를 낼 수 있는 가능성이 높다는 점에서도 큰 투자 매력을 지니고 있습니다. 하지만 나스닥 100 지수에도 우려되는 부분이 분명히 존재합니다. 일단 변동성이 매우 크다는 단점이 있습니다. S&P 500 지수와 달리 100개의 기업과 특정 섹터에만 집중적으로 투자하기 때문입니다.

　나스닥 100 지수가 닷컴버블이나 서브프라임 모기지 사태, 기준 금리 급등기까지 주가 하락기에 보여 준 하락 폭은 다른 지수들에 비해 월등히 컸습니다. 그렇다면 여기서 한계를 받아들이고 포기하는 게 맞을까요? 우리는 나스닥 100 지수가 갖는 변동성을 이용할 필요가 있습니다. 나스닥 100 지수는 적립식으로 모으기보다 주가가 크게 하락했을 때 집중적으로 매수하는 것이 좀 더 합리적인 투자가 될 수 있습니다. 오랫동안 적립식으로 매수했을 때 나스닥 100 지수가 S&P 500 지수보다 뛰어난 성과를 보여 주었지만 결과론적인 이야기입니다.

　대부분의 투자자들, 특히 이제 막 주식 투자를 시작하는 분들은 나스닥 100 지수의 변동성을 견디기 어려워하는 경향이 있습니다. 막상 주가 하락기가 되면 다른 ETF보다도 더 크게 하락하고, 주가 하락기에 시장은 공포에 질린 상태가 되기 때문에 지속적으로 모으는 것이 생각보다 어렵습니다. 나스닥 100 지수는 다른 지수들에 비해 변동성이 크기 때문에 더 어려운 것이고요. 따라서 나스닥 100 지수가 결국 S&P 500 지수와 같은 방향성을 지닌다고 할지라도 처음에는 S&P 500 지수를 적립식으로 모을 것을 일반적으로 권합니다. 더불어 나스닥 100 지수는 다른 지수들과 비교했을 때 성장주 투자 비중이 가장 크기 때문에 금리가 급격히 상승하면 더 큰 부침을 겪을 수 있다는 점을 유의해야 합니다.

다음으로 다룰 지수는 미국 배당 다우존스 지수입니다. S&P 500 지수와 나스닥 100 지수와 달리 낯설게 느껴지시나요? 미국 배당 다우존스 지수는 최근에 들어서 국내 주식 투자자들에게 많이 알려졌지만, 사실 미국 주식 투자자들에게 배당 투자의 목적으로 오래전부터 큰 사랑을 받아 온 지수입니다. 그만큼 매력이 있는 지수이기도 합니다. 미국 배당 다우존스 지수는 10년 이상 지속적으로 배당금을 지급한 기업만을 대상으로 하면서 1차 필터링을 합니다.

여기에 부채 대비 현금 흐름이 좋고, 수익성이 상대적으로 좋은 기업들을 선별하여 앞으로도 배당금이 안정적으로 지급될 가능성이 높은 기업에 투자를 합니다. 배당 수익률과 배당 성장률이 좋은 기업들을 선별하기 때문에 꾸준히 배당금이 성장하여 미래에 높은 수익률을 기대할 수 있습니다. 아래 미국 배당 다우존스 지수의 배당 성장표를 보면 2012년 배당 수익률이 3.13%였던 것이 12년 동안 배당금을 재투자하여 유지했을 때 14.38%가 되었습니다. 한 해도 빠짐없이 지속적으로 배당금이 성장을 했고, 12년 동안 배당금이 네 배 넘게 커졌다는 점은 배당 성장주 투자를 원하는 투자자에게 아주 매력적인 조건입니다.

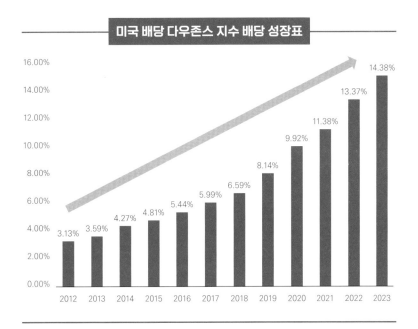

미국 배당 다우존스 지수 배당 성장표

미국 배당 다우존스 지수와 S&P 500 지수의 TOP 10 보유 종목

미국 배당 다우존스	
종목명	비중
록히드 마틴	4.38%
애브비	4.26%
블랙록	4.19%
홈디포	4.14%
암젠	4.09%
화이자	4.01%
코카콜라	4.00%
브리스틀-마이어스 스큅	3.99%
시스코 시스템즈	3.95%
셰브론	3.88%

S&P 500	
종목명	비중
마이크로소프트	6.92%
애플	6.87%
엔비디아	5.99%
아마존	3.66%
메타	2.20%
알파벳 class A	2.17%
알파벳 class C	1.82%
버크셔 해서웨이	1.72%
브로드컴	1.42%
일라이릴리	1.41%

미국 배당 다우존스 지수와 S&P 500 지수의 섹터 구성

미국 배당 다우존스	
종목명	비중
산업재	13.37%
헬스 케어	16.35%
금융 서비스	18.20%
방어 소비재	14.27%
정보 기술	8.56%
에너지	12.49%
순환 소비재	9.30%
통신 서비스	4.35%
기초 소재	3.02%
유틸리티	0.03%
부동산	0.00%

S&P 500	
종목명	비중
정보 기술	32.11%
헬스 케어	12.06%
금융 서비스	12.64%
순환 소비재	10.17%
통신 서비스	8.82%
산업재	7.87%
방어 소비재	5.90%
에너지	3.66%
유틸리티	2.46%
부동산	2.29%
기초 소재	2.02%

나스닥 100 지수와 달리 미국 배당 다우존스는 S&P 500 지수와 비교했을 때 보유 종목 구성에 큰 차이가 있음을 확인할 수 있습니다. 상위 10개 기업의 보유 종목을 보면 두 지수에 겹치는 종목이 거의 없습니다. S&P 500 지수의 경우 정보 기술의 비중이 가장 높았으나, 미국 배당 다우존스 지수를 보면 산업재의 비중이 가장 높습니다.

이는 미국 배당 다우존스 지수가 상대적으로 주가 변동성이 크지 않은 섹터의 비중이 높다는 것을 의미합니다. 이는 S&P 500 지수보다 주가가 안정적일 가능성이 높다고 판단할 수 있는 근거가 됩니다. 그리고 미국 배당 다우존스 지수는 10년 이상 지속적으로 배당금을 지급한 기업만을 대상으로 하기 때문에 S&P 500 지수나 나스닥 100 지수보다 비교적으로 안정적인 주가 성과를 기대할 수 있습니다. 즉 S&P 500 지수, 나스닥 100 지수와 더불어 장기간 우상향할 가능성이 높습니다.

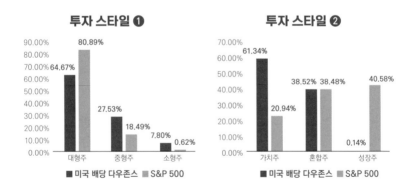

미국 배당 다우존스 지수도 앞에서 확인한 S&P 500 지수와 나스닥 100 지수처럼 시가 총액 가중 방식을 따릅니다. 따라서 대형주 위주의 투자를 합니다. 이는 배당주 투자의 관점에서도 상대적으로 대형주가 중형주나 소형주에 비해 배당금을 안정적으로 지급할 가능성이 높기 때문에 장점으로 작용할 수 있습니다. 하지만 S&P 500 지수와 나스닥 100 지수에 비해 가치주의 투자 비중이 높고 성장주에는 거의 투자를 하지 않는다는 점에서 차이점이 있는데, 이런 차이점 때문에 2022년 급격한 금리 인상기에 상대적으로 주가 방어가 안정적으로 이뤄질 수 있었습니다.

미국 배당 다우존스 지수는 좋은 기업을 선별하는 지수 요건을 갖고 있고, 가치주의 비중이 높아 상대적으로 주가가 안정적이라는 장점이 있습니다. 그뿐만 아니라 연평균 8% 대의 배당 성장을 기대할 수 있습니다. 하지만 2023년에서 2024년 중순까지 이어진 빅 테크 기술주 위주의 상승장에서는 상대적으로 성과가 좋지 않을 수 있습니다. 또한 성장주의 비중이 거의 없기 때문에 단독으로 모으기보다 성장주 비중이 높은 ETF와 함께 포트폴리오를 구성하는 것이 바람직합니다.

다음은 경제적 해자 지수를 살펴보겠습니다. 경제적 해자 지수를 이해하기 위해 약간은 생소하실 수 있는 '경제적 해자'라는 용어부터 짚어 보겠습니다. '해자'는 적의 접근을 막기 위해 성벽 주변에 인공으로 땅을 파서 만든 물웅덩이를 뜻합니다. 경제적 해자란 경쟁사로부터 기업을 보호해 주는 높은 진입 장벽과 확고

한 구조적 경쟁 우위를 말합니다. 특히 경제적 해자는 1980년대에 워런 버핏이 장기적으로 성장하는 기업의 가치 척도로 발표하면서 현재까지도 많은 투자자들에게 좋은 아이디어의 영감을 제공하고 있습니다. 그리고 보통 경제적 해자를 가진 기업들은 네가지 측면에서 선별할 수 있습니다.

경제적 해자를 가진 기업들의 네 가지 측면

네트워크 효과	재화나 서비스의 이용자가 늘수록 가치가 올라가는 효과 (예:스마트폰의 사용자가 늘수록 스마트폰의 사용 가치가 올라가는 것)
비용 우위	같은 가격에 팔아도 기업이 더 큰 수익을 낼 수 있음
무형 자산	강력한 브랜드 파워, 독점적인 사업을 할 수 있는 특허 등을 보유함
전환 비용	제품을 바꾸면서 소요되는 시간과 비용을 뜻함 (예: 애플의 아이폰, 아이패드, 아이맥, 애플워치를 사용하다가 갤럭시 스마트폰으로 교체할 경우 일련의 다른 기기들의 전환을 고려하게 되는 것)

경제적 해자 지수의 장기 성과 그래프

—— S&P 500 지수　　—— 경제적 해자 지수

위 그래프를 통해 경제적 해자를 가진 기업의 투자 성과가 확실히 뛰어나다는 점이 증명됩니다. 근소하게나마 경제적 해자 지수가 S&P 500 지수보다 더 뛰어난 성과를 보였기 때문만은 아닙니다. 성과를 비교할 때는 어떤 구간에서의 성과를 다루었냐는 것이 참 중요합니다. 왜냐하면 구간을 어떻게 나누느냐에 따라서 주가 성과가 얼마든지 바뀔 수 있기 때문입니다. 2010년 이후로 최근까지는 대체로 저금리 기조가 이어졌고, 이에 따라 가치주보다 성장주의 주가 성과가 좋았던 시기였습니다. 따라서 지수를 구성하는 종목들 중에 성장주의 비중이 높을수록 주가 성과도 좋았을 가능성이 높습니다.

뒤에서 좀 더 자세히 살펴보겠지만 경제적 해자 지수를 구성하는 기업에서 가치주가 차지하는 비중이 큽니다. 그리고 S&P 500 지수는 앞에서 확인한 바와 같이 성장주의 투자 비중이 높았습니다. 그럼에도 불구하고 가치주의 비중이 더 높은 경제적 해자 지수가 뛰어난 성과를 보였습니다. 상대적으로 불리할 수 있는 환경이었음에도 불구하고 더 좋은 성과를 냈다는 것에 주목할 필요가 있습니다. 참 흥미로운 점은 각 지수들이 갖고 있는 특징에 따라 어떤 시기에는 장점으로, 또 어떤 시기에는 단점으로 작용한다는 것입니다. 정답은 없습니다. 계속해서 강조하지만 내 가치관과 투자 스타일에 맞는 종목을 선택하고 그 선택을 믿으며 나아가는 것이 중요합니다.

경제적 해자 지수와 S&P 500 지수의 TOP 10 보유 종목

경제적 해자	
종목명	비중
RTX	2.72%
알트리아 그룹	2.64%
인터내셔널 플레이버스	2.64%
화이자	2.60%
길리어드 사이언스	2.59%
트랜스유니온	2.57%
얼리지언	2.52%
캐멜 수프	2.51%
U.S. 뱅코프	2.48%
어도비	2.47%

S&P 500	
종목명	비중
마이크로소프트	6.92%
애플	6.87%
엔비디아	5.99%
아마존	3.66%
메타	2.20%
알파벳 class A	2.17%
알파벳 class C	1.82%
버크셔 해서웨이	1.72%
브로드컴	1.42%
일라이릴리	1.41%

월 300만 원 버는 주식 투자 공식

경제적 해자 지수와 S&P 500 지수의 섹터 구성

경제적 해자	
종목명	비중
헬스 케어	20.95%
금융 서비스	6.38%
정보 기술	17.55%
산업재	22.44%
순환 소비재	7.47%
통신 서비스	4.96%
기초 소재	5.25%
방어 소비재	14.99%
에너지	0.00%
부동산	0.00%
유틸리티	0.00%

S&P 500	
종목명	비중
정보 기술	32.11%
헬스 케어	12.06%
금융 서비스	12.64%
순환 소비재	10.17%
통신 서비스	8.82%
산업재	7.87%
방어 소비재	5.90%
에너지	3.66%
유틸리티	2.46%
부동산	2.29%
기초 소재	2.02%

경제적 해자 지수도 미국 배당 다우존스 지수와 마찬가지로 S&P 500 지수의 보유 종목과 겹치는 종목이 거의 없습니다. 따라서 경제적 해자 지수도 S&P 500 지수와 함께 상호 보완적으로 모을 수 있는 특징이 있다고 볼 수 있습니다. 섹터 구성에서는 헬스 케어의 비중이 가장 높은 것으로 미루어 보아 앞으로의 성장성도 기대할 만합니다. 반면에 부동산이나 유틸리티 등 상대적으로 성장성이 낮을 것으로 예상되는 섹터의 비중이 낮은 것도 경제적 해자 지수가 갖는 대표적인 특징입니다.

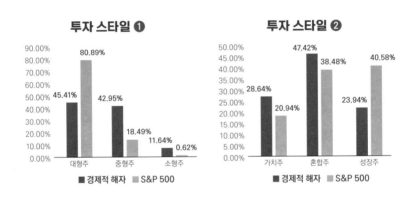

앞서 살펴본 지수들과 경제적 해자 지수의 가장 큰 차이점은 무엇일까요? 바로 동일 가중 방식으로 종목을 편입한다는 것입니다. 동일 가중 방식은 쌀 때 사서 비쌀 때 파는 투자 전략의 구현이 가능하다는 점이 특징입니다. 그리고 동일 가중 방식은 대형주부터 소형주까지 모두 동일한 비율로 종목을 편입하기 때문에 시가 총액 가중 방식보다 중형주와 소형주 투자 비중이 높은 경향이 있습니다.

이처럼 경제적 해자 지수는 중형주의 투자 비중이 높기 때문에 중소형주 위주의 상승장이 이어질 때를 대비할 수 있습니다. 경제적 해자 지수와 S&P 500 지수의 투자 스타일을 보면 S&P 500 대비 대형주와 중형주 투자 비중이 상대적으로 고른 편입니다. 그뿐만 아니라 가치주와 성장주를 균형 있게 투자할 수 있기 때문에 금리 변동에 크게 구애받지 않고 꾸준히 안정적인 성과를 낼 수 있다는 것이 특징입니다.

경제적 해자 지수는 장점이 많은 지수이기는 하지만 동일 가중 방식을 이용하기 때문에 시가 총액 가중 방식보다 실부담 비용율이 높은 편입니다. 아무래도 주가가 상승하는 종목은 매도하고, 주가가 덜 오르거나 하락한 종목은 매수하는 것을 반복하기 때문에 시가 총액 가중 방식보다 매매 횟수가 잦은 것이 그 원인입니다. 대략 0.3~0.4% 포인트 정도 높은 편인데, 이 정도의 실부담 비용율을 감안하고서라도 경제적 해자 지수에 투자를 할 것인지는 고민하고 판단할 필요가 있습니다.

마지막으로 살펴볼 지수는 배당 귀족 지수입니다. 배당 귀족 지수는 S&P 500 지수에 포함되는 기업이면서, 최소 25년 이상 연속으로 배당금을 증가시킨 기업들을 포함합니다. 무려 25년 연속으로 배당금을 증가시킨 기업들이라니요! 배당의 관점에서 배당 귀족 지수보다 직관적인 배당주 투자 전략을 없을 것입니다. 배당주는 주가가 하락했을 때 배당 수익률이 높아지면서 다른 어떤 종목보다 안정적인 매수세가 유입될 수 있습니다. 높아진 배당 수익률이 매수 시그널로 작용하는 것입니다. 그리고 이에 따라 상대적으로 뛰어난 주가 하락 방어력을 보이는 경향이 있습니다.

아래 배당 귀족 지수의 방어력 그래프를 보면 그 내용을 실감할 수 있습니다. 2008년의 금융 위기와 2022년의 급격한 금리 인상기에 S&P 500 지수와 비교하여 확실히 덜 하락하는 경향을 보였습니다. 이는 주가가 하락할 것이 두려워서 종목 선택의 어려움을 겪는 투자자들에게 큰 장점이 될 수 있고, 안정적으로 장기 성과를 내고 싶은 투자자들에게는 긍정적인 요소가 될 수 있습니다.

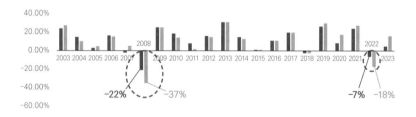

배당 귀족 지수의 방어력 그래프

배당 귀족 지수와 S&P 500 지수의 TOP 10 보유 종목

배당 귀족	
종목명	비중
스탠리 블랙&데커	1.79%
신시내티 파이낸셜	1.58%
제뉴인 파츠	1.58%
시스코	1.57%
처브	1.55%
애브비	1.55%
페더럴 리얼티	1.55%
셔윈-윌리엄즈	1.55%
펜테어	1.54%
패스널	1.54%

S&P 500	
종목명	비중
마이크로소프트	6.92%
애플	6.87%
엔비디아	5.99%
아마존	3.66%
메타	2.20%
알파벳 class A	2.17%
알파벳 class C	1.82%
버크셔 해서웨이	1.72%
브로드컴	1.42%
일라이릴리	1.41%

배당 귀족 지수와 S&P 500 지수의 섹터 구성

배당 귀족	
종목명	비중
산업재	22.91%
방어 소비재	23.64%
헬스 케어	10.31%
금융 서비스	10.47%
기초 소재	13.33%
순환 소비재	4.63%
유틸리티	4.42%
부동산	4.47%
에너지	3.00%
정보 기술	3.02%
통신 서비스	0.00%

S&P 500	
종목명	비중
정보 기술	32.11%
헬스 케어	12.06%
금융 서비스	12.64%
순환 소비재	10.17%
통신 서비스	8.82%
산업재	7.87%
방어 소비재	5.90%
에너지	3.66%
유틸리티	2.46%
부동산	2.29%
기초 소재	2.02%

배당 귀족 지수는 25년 연속으로 배당금을 증가시킨 기업들이 포함되어 있습니다. 이 말을 다르게 표현하면 적어도 25년 전부터 이익을 꾸준하게 성장시켜 온 기업들을 의미합니다. 그렇기 때문에 최근 매출과 이익이 크게 증가한 기업들이 다수 포진해 있는 S&P 500 지수의 상위 10개 기업과 큰 차이가 있습니다. TOP 10 종목에서 S&P 500 지수와 배당 귀족 지수를 비교해 보면 겹치는 보유 종목이 없습니다. 섹터 구성을 살펴볼까요? 최소 25년 이상 연속으로 배당금을 증가시킬 정도의 규모라면 오랜 전통을 가진 기업이어야 하므로 단기간에 급성장을 보인 정보기술이나 통신 서비스(플랫폼) 분야의 기업의 비중이 가장 낮은 것을 확인할 수 있습니다.

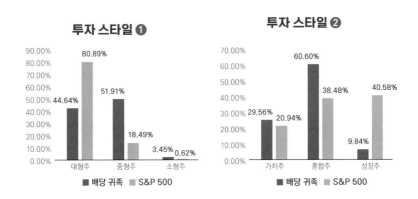

배당 귀족 지수도 경제적 해자 지수와 같이 동일 가중 방식을

취합니다. 즉 쌀 때 사서 비쌀 때 파는 전략 구현이 가능합니다. 그리고 동일 가중 방식이기 때문에 상대적으로 중형주 투자 비중이 높습니다. 질 좋은 중형주에도 투자하여 중소형주 위주의 상승장에 대비가 가능합니다. 하지만 배당주 투자의 관점에서는 미국 배당 다우존스 지수 대비 배당 수익률이 다소 낮은 편입니다. (미국 배당 다우존스 지수는 3% 후반, 배당 귀족 지수는 2% 초반.)

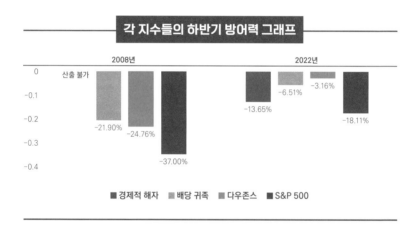

이 책을 처음부터 끝까지 관통하는 주제는 딱 하나입니다. 바로 '잃지 않는 투자를 중요한 기준으로 삼아야 한다'는 점입니다. 따라서 주가 하락기의 방어력을 ETF 선택의 중요한 기준으로 보아야 합니다. 각 지수들의 방어력 그래프를 보면 2008년 금융 위기와 2022년 금리 인상기 모두 가치주 비중이 높은 ETF들의 주가 하락 방어력이 대체로 뛰어났습니다. (2008년에는 경제적 해자 지수의 주가가 상장되지 않았으므로 산출이 불가했습니다.)

현재 시장의 분위기는 빅 테크 기업들의 비중이 높은 S&P 500 지수와 나스닥 100 지수에 투자하는 분위기가 지배적이기는 하지만, 안정적인 포트폴리오 관리를 위해 미국 배당 다우존스 지수와 경제적 해자 지수, 그리고 미국 배당 귀족 지수를 추종하는 ETF의 편입도 고려할 것을 추천하는 이유입니다.

주가 성과 비교표

지수	최초 투자 금액	평가 금액	연평균 수익률	연 최고 성과	연 최저 성과
S&P 500	$10,000	$35,417	12.69%	31.22%	−18.17%
나스닥 100	$10,000	$56,904	17.86%	54.85%	**−32.58%**
미국 배당 다우존스	$10,000	$31,543	11.47%	29.87%	−5.56%
경제적 해자	$10,000	$36,181	12.92%	34.79%	−13.65%
배당 귀족	$10,000	$28,464	10.39%	27.39%	−6.51%

(기간: 2014년 1월~2024년 7월)

과거의 성과가 언제나 미래의 성과를 보장해 주는 것은 아니므로 주가 성과를 비교할 때는 대체적인 경향성을 파악하는 것이 중요합니다. 최근에는 대체로 성장주 위주의 상승장이었기 때문에 성장주의 투자 비중이 높을수록 더 좋은 성과를 보였다는 점을 참고해야 합니다. 투자 기간을 2000년 초반에서 최근까지로 넓히면 성장주보다 가치주의 투자 성과가 좋았던 구간도 있었기 때문입니다.

주가 성과 비교표를 통해서 알 수 있듯이 나스닥 100 지수는 연간 최고 성과에서 가장 뛰어난 성과를 보이기도 했지만, 최저 성과에서도 마찬가지로 가장 나쁜 성과를 보인 때가 있었습니다. 미국 배당 귀족 지수는 최고 성과는 가장 작았지만, 최저 성과에서는 가장 덜 하락하는 특징을 나타냈습니다. 즉 내가 어떤 투자를 할 것인지의 문제이지 어떤 지수가 더 좋다거나 나쁘다고 단순하게 판단할 수는 없을 것입니다.

경제적 해자 지수와 미국 배당 귀족 지수를 추종하는 ETF는 국내 주식 시장에 각 한 개씩 뿐입니다. 하지만 그 밖의 S&P 500 지수와 나스닥 100 지수, 미국 배당 다우존스 지수를 추종하는 ETF는 국내 주식 시장에 여러 개 상장되어 있습니다. 이 중에서 우리가 앞에서 배운 실부담 비용율이 상대적으로 작고, 거래량이 너무 부족하지 않으면서, 배당금을 안정적으로 지급하는 ETF를 기준으로 선별한 것이 다음의 표입니다. 가끔 거래량을 가장 중요한 기준으로 삼는 분들도 계신데 거래량은 클수록 좋다기보다 내가 원하는 시점에 매도할 수 있는 수준의 거래량이 확보되는 수준으로도 충분합니다. 이 조건이 충족된다면 다른 변수들이 중요해지는 것이죠.

내 절세 계좌에 담을 ETF

지수명	종목명	종목 번호	가중 방식
S&P 500	ACE 미국S&P500	360200	시가 총액 가중 방식
	RISE 미국S&P500	379780	
	TIGER 미국S&P500	360750	
나스닥 100	ACE 미국나스닥100	367380	시가 총액 가중 방식
	RISE 미국나스닥100	368590	
	TIGER 미국나스닥100	133690	
미국 배당 다우존스	ACE 미국배당다우존스	402970	동일 가중 방식
	SOL 미국배당다우존스	446720	
	TIGER 미국배당다우존스	458730	
경제적 해자	ACE 미국WideMoat동일가중	309230	동일 가중 방식
배당 귀족	TIGER 미국S&P500배당귀족	429000	

조기 은퇴를 도와줄
투자 도구

우리들의 조기 은퇴를 도와줄 커버드콜 전략에 대해서 알아보겠습니다. 커버드콜 전략에 대해서는 의견이 갈리는 측면이 있습니다. 하지만 전략이라는 것은 어떻게 활용하느냐의 문제이지, 절대적으로 옳고 그름의 문제는 아닐 것입니다. 이런 관점에서 본다면 은퇴 시점에 안정적인 현금 흐름을 발생시키는 측면에서 커버드콜 전략이 충분히 매력적이라고 판단됩니다. 반대로 이제 막 투자를 시작하는 단계의 투자자에게는 적극적으로 권하기 어렵습니다. 그 이유를 지금부터 상세하게 알려드리려고 합니다.

커버드콜 전략이란 주식을 보유하면서 해당 주식을 기초 자산으로 한 콜 옵션을 매도하는 전략입니다. 여기서 또 질문이 생깁니다. 콜 옵션은 무엇일까요? 콜 옵션은 기초 자산을 만기일이

나 만기일 이전에 미리 정한 행사 가격으로 살 수 있는 권리를 뜻합니다. 콜 옵션은 아파트 분양권을 떠올리면 이해하기 수월합니다. 아파트 분양권을 갖고 있으면 아파트라는 기초 자산에 입주할 수 있는 권리를 갖게 됩니다. 아파트 분양권을 프리미엄을 주고 사는 것처럼 콜 옵션도 사고팔 수 있는 것이죠. 즉 아파트 분양권을 매도해서 프리미엄을 받아 수익을 내는 것처럼 콜 옵션을 팔아서 프리미엄을 받아 수익을 낼 수 있습니다.

그래서 커버드콜 전략은 프리미엄을 통해 배당금을 많이 확보할 수 있는 것이고요. 따라서 연간 10%가 넘는 배당금을 지급할 수도 있게 되는 것입니다. 다시 아파트와 분양권으로 돌아와 보겠습니다. 아파트와 분양권을 갖고 있는 투자자라고 할 때 상황에 따라 어떤 전략을 구사할 수 있는지 사례를 들어 이해해 보겠습니다. A 씨는 서울 아파트 세 채(주식 보유)와 한 채의 분양권(콜 옵션 매도)을 보유하고 있는데, 한 개의 분양권을 1000만 원에 팔았습니다. 세금을 배제한다고 가정했을 때 어느 시점이 가장 좋은 때일까요?

1. 서울 아파트 가격이 조금 상승할 때

서울 아파트 가격이 조금 올랐을 때는 좋은 시기입니다. 보유하고 있는 아파트 세 채의 가격이 올랐고 분양권을 팔아서 1000만 원을 챙겼기 때문입니다.

2. 서울 아파트 가격이 폭등할 때

서울 아파트 가격이 폭등할 때는 기분이 좋긴 하지만 한편으로는 찜찜하기도 합니다. 조금만 더 기다렸다면 분양권을 1000만 원이 아니라, 5000만 원에도 팔 수 있었을 것 같다는 생각이 들기 때문입니다.

3. 서울 아파트 가격이 조금 하락할 때

서울 아파트 가격이 조금 하락했다면 어떨까요? 일단 세 채의 아파트 가격이 하락했으니 기분이 좋진 않습니다. 하지만 분양권을 1000만 원에라도 판 것을 다행이라고 생각하게 됩니다.

4. 서울 아파트 가격이 폭락할 때

서울 아파트 가격이 폭락할 때는 보유하고 있는 아파트 세 채의 가격이 폭락했기 때문에 매우 기분이 언짢습니다. 1000만 원에 분양권을 팔았지만 워낙 아파트 가격이 많이 하락했기 때문에 수익이 눈에 들어오질 않습니다.

이제 커버드콜 전략의 특성을 쉽게 이해할 수 있습니다. 완만한 주가 상승장에서는 괜찮습니다. 하지만 주가가 크게 상승할 때는 상대적으로 성과가 뒤처지면서 썩 좋다고 볼 순 없습니다. 다만 "팔아야 내 돈이다"라는 말이 있는 것처럼, 결국 수익을 확보하는 것이 필요한데 주식(기초 자산)을 팔지 않고 프리미엄을 통해 확보한 배당금을 받을 수 있다는 장점이 있습니다.

주식 시장이 완만한 하락기일 때에도 꽤 매력적일 수 있습니다. 주가는 하락하더라도 많은 배당금을 받으면서 상대적으로 덜 하락하는 효과를 얻을 수 있기 때문입니다. 하지만 하락 폭이 커지면 받게 되는 배당금이 큰 역할을 하지 못하게 됩니다. 따라서 커버드콜 전략은 상승이 제한되어 있고, 하락은 열려 있는 것이 단점으로 꼽힙니다.

커버드콜이 갖고 있는 한계에 동의합니다. 특히 앞으로 투자를 오랫동안 할 계획이라면 S&P 500 지수를 비롯한 다른 지수들이 장기간 우상향할 가능성이 높고, 장기간 우상향한다면 커버드콜 전략의 ETF의 장기 성과는 상대적으로 뒤처질 수 있기 때문입니다. 하지만 은퇴를 앞두고 있거나, 이미 은퇴를 한 투자자들에게는 주식을 팔지 않고 높은 배당 수익률을 얻을 수 있다는 점이 매력적일 수 있습니다.

예를 들어 은퇴 직전의 직장인이 아파트 다섯 채와 프리미엄 1억 원의 분양권 세 개를 보유하고 있다면 합리적인 선택은 무엇일까요? 여기서 분양권을 소수점 단위로 팔 수 있다고 가정하겠습니다. 팔지 않고 장기간 보유하고 있으면 아파트 가격이 상승해서 자산 형성 측면에서는 좋은 선택일 수 있습니다. 하지만 은퇴 시점에서는 자산의 형성보다는 당장의 안정적인 현금 흐름이 필요합니다. 분양권 매도를 나쁘다고만 말할 수는 없습니다. 하지만 필요 이상으로 매도하는 것은 비합리적입니다. 우리가 목표로 하는 매달 월 300만 원 수준으로 매도하는 것은 나쁘다고 볼 수 없을 것입니다.

즉 나의 투자 목표가 일정한 수준의 현금 흐름을 발생시키는 것이라면 장기간의 성과가 어느 정도 뒤처지더라도 감수할 수 있는 부분입니다. 은퇴한 분들에게는 장기 성과보다 단기간의 현금 흐름이 더 중요할 수 있습니다. 어떤 전략 자체가 좋고 나쁘다고 말하는 것은 전략의 의미를 이해하지 못했거나 본인의 상황에 맞지 않아서입니다. 전략이란 내가 필요할 때 쓰거나 쓰지 않는 것이지, 애초에 좋거나 나쁜 개념이 아님을 명심해야 합니다.

앞에서 한 가지 전제로 한 것이 있었습니다. 콜 옵션을 지나치게 매도하면 안 된다는 것인데, 그 이유를 대표적인 커버드콜 ETF인 TIGER 미국배당다우존스타겟커버드콜1호/2호 ETF를 통해 알아보겠습니다. 익숙한 이름이 보이지 않나요? ETF의 이름에 미국 배당 다우존스가 포함되어 있습니다. 앞서 알아본 미국 배당 다우존스를 기반으로 하는 ETF입니다. 그리고 TIGER 미국배당다우존스타겟커버드콜1호/2호 ETF는 최근 ETF의 이름이 바뀌었는데요. 기존 상품명은 각각 TIGER 미국배당+3% 프리미엄다우존스 ETF, TIGER 미국배당+7%프리미엄다우존스 ETF였습니다. 3%의 프리미엄이 붙으면 미국 배당 다우존스 ETF를 베이스로 하여 3%의 배당금을 더 주고, 7% 프리미엄이 붙으면 7%의 배당금을 더 주는 것을 목표로 합니다.

즉 미국 배당 다우존스 ETF가 기본적으로 3% 후반 수준의 배당 수익률을 나타내기 때문에 여기에 각각 3% 혹은 7%의 배당금이 추가되면 각각 6~7%, 10~11%의 배당 수익률을 기대할 수 있습니다. 배당금을 더 줄 수 있는 원천은 바로 앞에서 함께 배운 커버드콜 전략을 활용하면서 S&P 500 지수를 기초 자산으로 하는 콜 옵션을 매도하였기 때문입니다. 콜 옵션을 전체 자산에서 어느 정도의 비중으로 매도하였는지에 따라 3% 또는 7%의 배당금을 줄 수 있습니다. 3%의 프리미엄은 매도 비중의 상한이 15%이고, 7% 프리미엄은 40%입니다. 따라서 장기 투자를 할 경우 3% 프리미엄이 7% 프리미엄 ETF보다 더 나은 성과를 보일 확률이 높습니다.

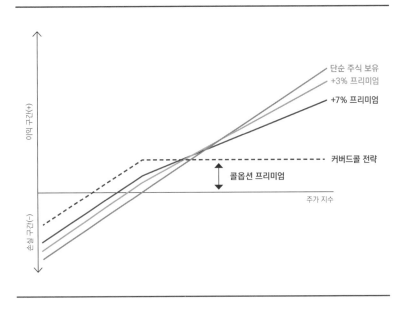

위 표를 통해 내용을 좀 더 자세히 확인해 보겠습니다. 지수가 오른쪽으로 갈수록 가격이 상승하고, 왼쪽으로 갈수록 하락하는 상황입니다. 그래프가 위에 있을수록 성과도 더 큽니다. 세 ETF의 주가 흐름을 보면 주가가 상승할수록 커버드콜 전략을 사용하지 않고 미국 배당 다우존스 ETF를 보유하는 것이 더 높은 곳에 위치하면서 더 좋은 성과를 나타내는 걸 확인할 수 있습니다. 반면에 하락기에는 커버드콜 ETF가 조금 더 위에 위치해 있습니다. 배당금을 많이 받는 만큼 하락기에 커버드콜 ETF가 좀 더 나은 성과를 보일 수 있습니다.

특히 커버드콜 ETF 중에 콜 옵션을 지나치게 많이 매도해서 배당금은 많이 주지만 주가는 장기간 우하향하는 ETF들을 종종 보곤 합니다. 따라서 커버드콜 ETF를 선택할 때도 무턱대고 배당금을 많이 주는 종목만 고를 것이 아니라, 주가 성과가 안정적이면서 나의 은퇴 계획에 맞게 배당금을 지급하는 종목을 선택해야 합니다.

미국 주식
수익률을 높이려면

미국 주식에 투자한다는 것은 달러화를 기반으로 미국 자산에 투자하는 것이므로 환율을 신경 쓰지 않을 수 없습니다. 그리고 환율은 매일매일 움직이기 때문에 환율의 변동에 따라 나의 투자 성과도 달라질 수 있습니다. 여기서 '환노출'이라는 개념이 등장합니다. 환노출은 환율이 변동하는 위험에 노출되어 있다는 의미입니다.

환노출과 반대로 '환헤지'라는 개념도 있습니다. 환율이 변동하는 위험에 노출되어 있지 않다는 의미입니다. 앞에서 확인한 환노출형 상품과 달리 미국 주식에 투자를 하지만 환율의 변동에 따라 수익률이 달라지지 않습니다. ETF에서 환노출형과 환헤지형을 구분하는 방법은 아주 간단합니다. 환노출형 상품은 해외 직투나 국내에 상장되어 있는 해외 ETF에서 H(헤지)가 붙지 않는 상품(예: ACE 미국S&P500, ACE 미국나스닥100)이 해당됩니다. 반대로 환헤지형 상품은 국내 주식 시장에 상장된 해외 ETF에서 H가 붙는 상품(예: KODEX 미국S&P500(H))이 해당됩니다.

환노출과 환헤지 수익률 비교

		A 주가($)	주가 수익률	원 달러 환율(원)	원화 평가 금액(원)	수익률
사례 1	전	100	–	1,000	100,000	–
	후	100	0.00%	1,100	110,000	10.0%
사례 2	전	100	–	1,000	100,000	–
	후	110	10.0%	1,100	121,000	21.0%
사례 3	전	100	–	1,000	100,000	–
	후	90	–10.0%	1,100	99,000	–1.0%
사례 4	전	100	–	1,000	100,000	–
	후	90	–10.0%	900	81,000	–19.0%

위 사례들을 통해 환율의 변동이 투자 성과에 얼마나 유의미한 영향을 미치는지 확인할 수 있습니다. 100달러짜리 주식을 1주씩 매수했다고 가정하겠습니다. 첫 번째 사례를 보면 주가 수익률은 변하지 않았지만 원/달러 환율이 1000원에서 1100원으로 상승하자 평가 금액이 11만 원으로 10% 수익이 났습니다. 매수할 때는 평가 금액이 10만 원이었는데 원/달러 환율이 1100원으로

상승하면서 11만 원이 된 것입니다.

　같은 방식으로 두 번째 사례를 보면 주가가 상승해서 10%의 수익률을 냈고, 동시에 원/달러 환율이 1000원에서 1100원으로 상승하니 수익률이 더 커졌습니다. 앞의 사례와 똑같았지만 주가와 환율이 동시에 상승하면서 평가 금액이 12만 1000원이 되어 총 21%의 수익이 났습니다. 세 번째 사례는 주가가 10% 하락했으나 원/달러 환율이 상승하면서 최종 수익률은 -10%가 아닌 -1%가 되었습니다.

　마지막 사례를 볼까요? 주가가 10% 하락했는데 원/달러 환율도 1000원에서 900원으로 10% 하락했습니다. 이에 따라 원화 평가 금액은 8만 1000원으로, 주가는 10% 하락했지만 총 수익률은 19%가 됐습니다. 네 가지 사례를 통해 알 수 있는 것은 미국 주식에 투자를 할 때 어떤 주식을 매수하는지도 중요하지만, 현재의 환율 수준이 어느 정도인지를 가늠하는 것도 필요합니다. 하지만 열심히 설명을 드려도 대부분의 투자자들은 이런 질문을 좋아합니다. "그래도 둘 중에 딱 하나만 사야 한다면 무엇을 사야 할까요?" 만약 여러분도 제게 똑같이 질문하신다면 저는 환노출형 ETF를 매수하시는 것이 더 낫다고 답을 드립니다.

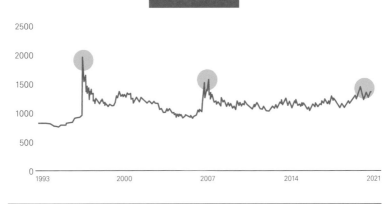

왜냐하면 환노출형 ETF를 매수하는 것에는 달러를 매수하는 과정이 포함되어 있기 때문입니다. 달러는 글로벌 투자자들이 인정하는 안전 자산이므로 위험을 대비하는 측면에서 환노출형이 좀 더 나은 선택이라고 판단됩니다. 위 그래프는 원/달러 환율의 추이입니다. 환율 변동 추이를 나타낸 그래프에서 환율이 크게 높아진 시점에 집중하여 살펴보겠습니다. 첫 번째는 IMF였고, 두 번째는 서브프라임 모기지, 세 번째는 팬데믹 시기였습니다.

이처럼 원/달러 환율은 전 세계적으로 큰 위기가 있을 때마다 상승하는 경향을 보였습니다. 달러가 안전 자산으로 분류되기 때문에 위험하다고 판단되는 상황에서 수요가 커지는 것입니다. 하지만 이런 위기 상황을 제외하면 대체로 원달러 환율이 오르락내리락하는 경향이 있음을 확인할 수 있습니다. 즉 원/달러 환율이 너무 높은 수준에서는 언젠가 하락할 확률이 높다는 것을 의미하고, 반대로 원/달러 환율이 너무 낮은 수준에서는 언젠가 다시 상승할 확률이 높아진다는 것을 의미합니다.

따라서 환율 변동에 따라 너무 높은 수준에서는 하락할 것을 대비하고, 너무 낮은 수준에서는 상승할 것을 대비하는 투자가 합리적입니다. 저는 이 기준을 1200원으로 판단합니다. 현재 환율 수준이 1200원보다 더 높다면 환헤지형 ETF를 매수하는 것을 고려하고, 1200원 아래라면 환노출형 ETF를 매수하는 식입니다. 반드시 환노출형이나 환헤지형 둘 중 하나의 ETF만 매수해야 하는 것이 아니라면 환율 수준을 통해 합리적인 판단을 내릴 수 있길 바라겠습니다.

최종 투자 포트폴리오 작성하기

최종적으로 투자 포트폴리오를 작성하기 앞서 통계적으로 검증된 매수와 매도 방법에 대해 알아보겠습니다. 우선 매수에는 정액 적립식과 거치식이 있습니다. 정액 적립식이란 일정한 날짜에 일정한 금액으로 매수하는 것을 뜻합니다. 거치식은 보유하는 목돈으로 한꺼번에 매수하는 것을 의미합니다.

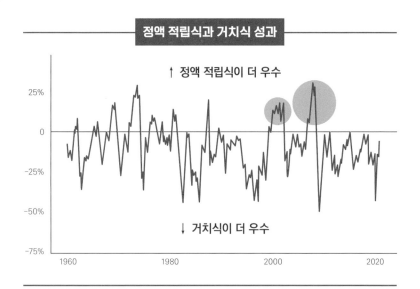

정액 적립식과 거치식 성과

정액 적립식으로 2년 동안 매수한 성과에서 거치식으로 2년 보유한 성과를 빼 보았더니 위와 같은 결과가 나왔습니다. 대체로 거치식으로 매수한 성과가 더 우수했지만, 위기 상황에서는 정액 적립식의 성과가 월등히 나았습니다. 리스크 관리가 중요하고 투자 기간이 상대적으로 짧은 자금이라면 적립식으로 매수하는 게 유리하다는 결론이 나옵니다. 투자 시간이 상대적으로 길고, 어느 정도 주가가 하락한 상태라면 거치식이 유리합니다. 내가 목돈을 가지고 있는데 쉽사리 투자를 결정하기가 어렵다면 3년에 걸쳐 여러 번 매수하는 방법도 있습니다. 예를 들어 3000만 원을 500만 원씩 6개월마다 매수하는 방식입니다.

워런 버핏이 유산으로 남길 자산의 90%는 인덱스 펀드에, 나머지 10%는 현금성 단기 채권에 투자하라는 유언장의 내용을 앞서 전했습니다. 일정하게 현금을 보유하면서 주식을 끌고 가라는 의미입니다. 하지만 우리는 증여가 아닌 오랜 시간 아끼고 모아서 만든 자산이므로 같은 비중의 투자가 합리적이지 않을 수도 있습니다. 저는 전체 주식 투자 비중에서 70%는 매수 비중으로, 나머지 30%는 현금 비중으로 두는 것을 권합니다. S&P 500 지수를 기준으로 20% 하락할 때 보유 현금의 50%씩 추가로 매수하는 식입니다.

나스닥 100 지수의 경우 높은 성장성이 기대되지만 주가의 변동 폭이 크기 때문에 거치식이 합리적입니다. S&P 500 지수가 20% 하락할 때 나스닥 100 지수가 더 큰 폭으로 하락한다면 나스닥 100 지수의 매수를 고려해 보는 것도 좋은 방법입니다. 구체적인 포트폴리오 구성법과 리밸런싱에 대해 알아보겠습니다. 포트폴리오 구성에 앞서 위험을 나타내는 지표인 변동성을 확인해야 합니다. 변동성이 클수록 하락의 폭이 커질 수 있고, 따라서 감수해야 하는 위험도 커집니다.

이와 관련된 것이 샤프 지수Sharp ratio입니다. 샤프 지수란 위험 대비 성과를 나타내는 지표로, 값이 클수록 감수하는 위험 대비 성과가 크다는 의미입니다. 투자 기간이 긴 매수 금액에 대해서는 샤프 지수를 높이는 방향으로 적립식 투자를 진행하는 것이 바람직합니다. 나스닥 100 지수와 같이 상대적으로 변동성이 큰 투자 대상은 주가가 크게 하락했을 때 보유하고 있는 현금으로 매수하는 게 합리적입니다. 투자 기간이 짧은 매수 금액이나 현금 인출이 필요해지는 시점에 가까워질수록 변동성을 낮추는 방향으로 변경해 가는 것이 일반적이고 합리적인 선택입니다.

이제 초기 포트폴리오를 구성해 볼까요? 일단 주식은 기본적으로 S&P 500 지수, 미국 배당 다우존스 지수, 경제적 해자 지수, 배당 귀족 지수 중 선택하여 가치주 및 성장주 비중이 거의 동일하도록 매수합니다. 15년 이상의 장기 투자가 가능한 적립금은 성장주 비중이 더 높을 수 있습니다. 이런 것들을 다 차치하고 배당금을 매달 조금씩이라도 받고 싶다면 미국 배당 다우존스 ETF의 비중을 높이면 됩니다.

다음으로 투자 성향의 관점을 살펴보겠습니다. 변동성(위험)

을 줄이고 싶다면 가치주 비중이 높을수록 좋습니다. 하락에 대비하는 투자가 가능하기 때문입니다. 현금 비중이 높을수록 변동성을 줄이는 투자가 가능해집니다. 저는 현금 비중을 30%로 유지할 것을 권장하지만 자신의 상황과 투자 성향에 맞게 20%~40% 수준에서 결정하면 됩니다. 파킹 통장, 예적금 등 내가 언제든 찾아서 사용할 수 있는 현금을 보유하여 심리적 안정을 갖는 것도 투자 전 중요한 마음가짐입니다.

지금까지 소개한 ETF들은 시점의 차이는 있지만 결국 같은 방향으로 비슷한 성과를 보입니다. 예를 들어 S&P 500 지수를 집중적으로 투자하고 있는데 미국 배당 다우존스 지수의 하락폭이 더 커졌다면 좀 더 매수하는 것을 리밸런싱의 개념으로 접근할 수 있습니다. 가치주 비중이 높을수록 역사적으로 변동성이 낮은 경향이 있었습니다. 그러므로 투자가 길어질수록 가치주의 비중이 높은 ETF를 선택하는 것이 안정적입니다. 모든 사람들에게 권하는 것은 아니지만 하락이 예상된다면 커버드콜 ETF를 활용할 수도 있습니다. 최종 투자 포트폴리오를 본격적으로 구상해 보겠습니다. 천천히 예시를 따라 하시면 됩니다.

📅 최종 투자 포트폴리오

1. 월 투자 가능 금액: 200만 원

2. 투자 가능 기간: 13년

3. 현재 환율: 1358원

4. 초기 포트폴리오 구성:
- ACE 미국S&P500: 50만 원
- KODEX 미국S&P500(H): 20만 원
- ACE 미국배당다우존스: 50만 원
- SOL 미국배당다우존스(H): 20만 원
- 현금: 60만 원

5. 포트폴리오 구성 사유: 책을 읽고 나서 ETF에 대한 개념을 제대로 알 수 있었고, 마음속으로만 생각해 왔던 투자를 정말로 할 수 있겠다는 자신이 생겼습니다. 기본적으로 S&P 500 지수와 미국 배당 다우존스 지수를 1:1의 비중으로 우선 투자해 볼 계획입니다. 최근 10년 동안의 환율 추이를 보니 아주 높은 수준이었습니다. 따라서 환헤지형 상품에도 20% 정도 투자하는 것이 안정적이라고 판단했습니다. 또한 현금을 안전하게 보유하는 것도 투자의 개념이 될 수 있고 수익률을 높일 수 있는 방법이 될 수 있다는 것을 데이터를 통해 깨달았습니다. 그래서 투자금의 30%는 현금으로 보유하고 있다가 주가가 급락하고 나스닥 100 지수 등의 변동성이 큰 종목이 크게 하락하는 시기가 오면 추가로 매수할 계획입니다.

6. 계획을 지켜 나가기 위한 방법: 예전에는 유튜브나 주변 지인들을 통해 단기에 오를 만한 투자 종목만 찾아 헤맸지만 이제는 그것이 답이 아니라는

것을 깨달았습니다. 이런 마음가짐을 지키기 위해 전문 투자자들의 책에서 투자 마인드에 관련된 부분을 정리하여 반복해서 읽어 볼 예정입니다.

7. 평생 월 300만 원의 현금 흐름을 성취하기 위해 내가 지향하는 마인드셋과 관련된 글귀를 찾아 옮기고 느낀 점을 적어 보세요.

"대부분의 사람들은 남들이 주식에 관심이 있을 때 흥미를 갖는다. 하지만 주식에 관심을 가져야 할 때는 아무도 거들떠보지 않을 때다. 평소에는 인기도 있으면서 잘나가는 주식을 살 수 없기 때문이다."_워런 버핏

저는 워런 버핏의 말을 주가가 오를 때에만 관심을 가질 것이 아니라 하락할 때에도 주의 깊게 살펴야 한다는 뜻으로 이해했습니다. 남들이 모두 주식을 매도하는 시기가 오히려 매수하는 좋은 기회가 될 수도 있다고 생각합니다. 주변의 유혹에 휘둘리지 말고 꾸준한 현금 흐름을 만들고야 말겠다는 의지와 다짐을 끝없이 상기하며 제대로 된 투자를 하고 싶습니다. 외롭고 고단한 나와의 싸움이 되더라도 언젠가 반드시 이루고야 말 경제적 자유를 꿈꾸며 포기하지 않고 나아가 보려고 합니다.

1. 월 투자 가능 금액:

2. 투자 가능 기간:

3. 현재 환율:

4. 초기 포트폴리오 구성:

5. 포트폴리오 구성 사유:

월 300만 원 버는 주식 투자 공식

6. 계획을 지켜 나가기 위한 방법:

7. 평생 월 300만 원의 현금 흐름을 성취하기 위해 내가 지향하는 마인드셋과
   관련된 글귀를 찾아 옮기고 느낀 점을 적어 보세요.

광화문금융러와 함께하는 마인드셋 트레이닝

DAY 1: 현실적인 목표 세우기

어느 고등학교 졸업생들을 대상으로 재테크 강연을 한 적이 있습니다. 강연 시작 전에 섭외 요청 메일을 보내 주신 선생님께서 저를 따로 부르시더니 이런 말씀을 주셨습니다. "여기 학생들이 공부를 못하는 편이기도 하지만, 가정 형편이 좋지 못한 친구들도 많거든요. 그래서 돈 모으는 방법을 주변에서 알려 주는 경우도 거의 없고 돈을 모으려는 의지도 없는 무기력한 학생들이 많아요. 그래서 오늘 꼭 잘 좀 알려 주셨으면 좋겠습니다." 아이들을 생각하는 선생님의 따뜻한 마음이 그대로 전해졌습니다. 그와 동시에 참 안타까웠습니다. 이제 막 스무 살이 되는 아이들에게 무기력이라는 단어는 어울리지 않았으니까요.

실제로 많은 아이들이 아르바이트를 하며 매달 100만 원 가까이 벌기도 하지만 대부분 배달 음식을 사 먹거나 명품 물건을 사는 데 돈을 다 써 버린다고 했습니다. 그런데 더 큰 문제는 고등학교를 졸업하고 바로 사회생활을 시작하는 아이들이 많은데, 이 아이들이 잘못된 습관을 가진 채로 계속해서 살아간다는 사실이었습니다. 어렵게 번 돈을 모으지 않고 심지어 사치품을 구입하는 데 다 써 버린다니 도무지 이해가 되지 않을 수도 있습니다. 하지만 조금 더 생각해 보면 아이들의 입장도 이해가 됩니다. 당장의 욕구를 참으면 미래에 어떤 보상이 나타나는지 아이들은 아직 제대로 알지 못합니다.

분명하고 구체적인 목표가 있다면 조금 불편하고 힘들더라도 참고 이겨 낼 수 있지만 어디서도 이런 지침을 배울 기회가 없었습니다. 반면에 지금 맛있고 자극적인 배달 음식 시켜 먹고, 명품을 사면 잠깐이나마 기분이라도 좋으니까 고민 없이 돈을 쓰게 되는 것입니다. 이렇게 생각하면 아이들의 행동도 쉽게 납득이 됩니다. 아이들의 모습이 보통 어른들의 모습과 크게 다르지 않기 때문입니다. 저만 해도 처음 주식 투자를 시작할 때 구체적인 목표가 없었습니다. 빠르게 자산을 이루고 싶은 마음은 있었지만 분명한 목표는 세우지 않았죠. 그저 자산은 크게 이룰수록 좋고, 이루는 시점은 빠를수록 좋았습니다.

당연하게도 성과는 기대처럼 크거나 빠르게 나타나지 않았습니다. 오히려 어떤 투자를 하는지조차 모를 정도로 도박과 다를 바 없는 투자를 거듭할 뿐이었습니다. 더 빠르고 큰 수익을 얻기 위해서는 내가 감내할 수 있는 것 이상의 위험한 투자를 해야만 했으니까요. 주가가 오르든 떨어지든 어떤 결과를 단기간에 확인해야만 지금 투자에 쏟고 있는 시간이 의미 있다고 생각했습니다.

이제 와서 솔직히 고백하자면 저는 목표를 세우고 그 과정을 이겨 내려는 마음이 없었던 것 같기도 합니다. 어려운 과정을 생략하고 좋은 결과만 누리고 싶었습니다. 매일같이 배달 음식을 시켜 먹고 내일 학교에 가서 자랑할 사치품을 사고 싶은 아이들의 마음과 크게 다를 바가 없었습니다. 다행히 잘못된 길로 가고 있음을 깨달은 후에 현실적이고 구체적인 목표를 세웠습니다. 이후 모든 투자 결정은 하나의 목표를 향했습니다. 제 목표는 40세에 조기 은퇴를 이루는 것이었습니다. 모든 투자에는 고민도 있고 힘든 점도 있지만 목표가 분명하니 견딜 수 있는 힘도 생기고 더 열심히 공부할 동기부여도 얻을 수 있었습니다. 결국 처음 계획했던 것보다 5년 가까이 은퇴를 앞당길 수 있었습니다.

강연을 마치고 아이들이 제 주위로 몰려왔습니다. 주식 계좌는 어떻게 개설하는지, 월급의 얼마나 투자해야 하는지 다양한 질문이 쏟아졌습니다. 심지어 유튜브는 어떻게 하면 되는지, 사업은 어떻게 시작할 수 있는지 적극적인 질문들도 이어졌습니다. 옆에서 지켜본 선생님들이 이런 모습은 처음이라며 깜짝 놀랄 정도였습니다. 겉으로 보기엔 무기력해 보이는 아이들이었지만 사실은 어디서부터 어떻게 시작해야 할지 몰라서 멈춰 있던 것이었습니다.

분명한 목표를 세우는 것이 중요하지 않다고 생각하는 사람은 어디에도 없을 것입니다. 하지만 대부분 분명한 목표 없이 방법론을 배우기에만 급급한 경우가 많습니다. 그래서 과거의 저처럼 처음부터 잘못된 투자의 길로 빠져들거나, 방향을 잃어 주저앉게 되는 경우도 있을 것입니다. 만약 그렇다면 지금부터라도 좀 더 구체적이고 현실적인 목표를 세워 보는 것은 어떨까요? 아직 늦지 않았습니다. 이미 늦었다고 자책하며 또다시 시간을 낭비하는 것보다 내가 지금 무엇을 왜 해야 하는지 깨닫는 것이 훨씬 중요합니다.

생각하기

1. 만약 기존에 투자 경험이 있다면 당시 투자 목표가 무엇이었는지 떠올려 봅니다. 뚜렷한 목표 없이 그저 큰 수익을 내고 싶다는 욕심으로 접근하지는 않았는지 생각해 봅니다.

2. 동시에 10년 후 투자 목표 및 자산 계획을 세워 봅니다. 참고로 제 목표는 조기 은퇴였습니다. 가장 소중한 자원인 시간을 좀 더 가치 있는 일에 쓰고 싶었기 때문입니다. 이를 위해 노동하지 않고도 월 300만 원의 현금 흐름을 만들려고 노력했고, 생각보다 더 빠르게 은퇴를 실행에 옮길 수 있었습니다. 그리고 현재 많은 분들에게 평생 월 300만 원 달성 투자법을 전달하고 안정적인 은퇴를 도와드리고 있습니다.

광화문금융러와 함께하는 마인드셋 트레이닝

 DAY 2: 좋은 투자를 오랫동안 유지하기

저는 수영을 못 합니다. 물론 배우려는 시도는 여러 번 했습니다. 초등학교 때는 학교 수영 대표였던 친구가 수영하는 법을 알려 주겠다고 해서 배우기도 했습니다. 당시 어린 나이였음에도 아주 친절하고 자세하게 영법을 알려 줬던 기억이 납니다. 친구는 수영을 너무 잘하는데 저는 계속 키판을 잡고 발만 구르려고 하니 어느 순간부터는 더 이상 하고 싶지가 않았습니다. 흥미가 떨어지자 저는 두 번인가 만에 그만하겠다고 했습니다. 지금 생각해 보면 오히려 가르쳐 준 친구가 그만하겠다고 해야 할 상황이었는데 말입니다.

그러다 대학생이 되어서 이번엔 제대로 배워 보겠다는 마음으로 동네 수영장에 등록했습니다. 초급반 수업에서 젊은 남자는 저 혼자뿐이었습니다. 괜스레 민망한 느낌이 들었지만 이번에는 조금 더 버텨 보기로 합니다. 하지만 한 달 꼬박 열심히 수업을 들었는데도 계속 물을 먹고 있는 것 같았습니다. 저만 빼고 다들 잘하는 것 같았습니다. 어떻게 보면 당연합니다. 저는 이제 수영을 배운 지 고작 한 달밖에 되지 않았으니까요. 하지만 정황상 아무래도 나와 맞지 않는 운동인가 보다 생각하고 결국 그만

됐습니다. 그 후로 바닷가에 가거나 휴양지로 여행을 갈 때마다 문득문득 '그때 좀 더 배워 볼 걸' 하는 생각이 들곤 했습니다. 하지만 더 이상 배우려는 시도는 하지 않았습니다.

최근에 50대 후반에 시작한 수영을 100세가 넘은 지금까지 40년 넘게 하고 계신다는 김형석 교수님의 글을 읽었습니다. 그러고 나니 머릿속이 조금 복잡해졌습니다. 또다시 수영을 포기한 것이 후회됐습니다. 보통 아예 해 보지도 않은 일을 후회하는 경우는 거의 없습니다. 시작은 했지만 계속 유지하지 못했을 때 후회하는 경우가 많습니다. 어디에선가 러닝이 운동 효과가 좋다는 걸 보고 시작해 보지만 얼마 가지 못해 그만두고요. 공복에 마시는 야채 스무디가 좋다는 것을 보고 몇 주 마셔 보지만 어느덧 금방 까먹습니다.

그러고 나서는 나중에 또 누군가 러닝으로 운동 효과를 봤다거나, 공복에 먹은 스무디 덕분에 다이어트에 성공했다고 하면 계속 유지하지 못한 자신을 원망하고 후회합니다. 투자도 마찬가지입니다. 아마도 지금 이 글을 읽는 독자분들은 모두 투자가 좋은 것이고 꼭 필요하다는 의견에 동의하실 것입니다. 그리고 당연히 투자를 잘하려면 계속해서 투자 공부를 하고 꾸준히 투자를 해야 합니다.

투자 대가들의 공통점을 한 가지만 꼽는다면 바로 오랫동안 투자를 지속했다는 점입니다. 투자 방법이나 종목 선정 기준은 서로 다를 수 있습니다. 하지만 모두 하나같이 백발의 노인이 되어서도 계속 투자 공부를 하고 끊임없이 투자를 합니다. 누군가 투자로 이미 큰 자산을 이룬 것을 보며 나는 늦었다고 생각할 수 있습니다. 대개 여기서 둘 중 하나의 선택을 합니다. 투자 공부를 포기하거나, 아니면 단기간에 만회하려고 무리한 투자를 하거나.

지금 투자 공부를 포기하면 나중에 더 크게 후회할 거리를 차곡차곡 쌓아 올리는 결과를 낳게 됩니다. 단순히 수영을 배우다 포기하는 것과는 차원이 다른 후회가 될 겁니다. 한 번에 만회하려고 큰 수익만을 바라는 무리한 투자를 했다가는 더 큰 낭패를 볼 수 있습니다. 이런 경우 '하이 리스크, 하이 리턴'이 아니라 '하이 리스크, 로우 리턴'일 때가 많기 때문입니다. 우리는 투자를 포기해서도, 무리한 투자를 해서도 안 됩니다. 대신 좋은 투자를 더 오랫동안 하는 것을 목표로 삼아야 합니다.

좋은 투자를 오랫동안 유지하는 사람은 아주 드뭅니다. 워런 버핏이 지금 어떤 종목을 새로 샀는지 확인하기 전에 어떻게 93세까지 주식 시장에서 버텨 왔는지를 먼저 고민하는 것이 필요합니다. 저는 오랫동안 투자를 하기 위해 세 가지를 실천하려고 노력합니다. 첫째는 더 큰 수익을 내는 것보다 크게 잃지 않는 것을 우선으로 둡니다. 50%의 손실이 나면 다음에는 100%의 수익이 나야 합니다. 50% 손실은 한순간이지만 100% 수익 달성은 오랜 시간이 걸립니다.

둘째는 다른 사람과 비교하지 않습니다. 많은 경우에서 그렇지만 특히 투자에서 다른 사람과의 비교는 내게 도움이 되지 않습니다. 조급함만 앞세운 무리한 투자만 하게 될 뿐입니다. 셋째는 신문을 읽습니다. 투자의 대가까지 갈 필요도 없습니다. 주변에서 투자 고수라고 알려진 투자자들만 봐도 신문을 읽지 않는 사람을 저는 본 적이 없습니다. 끊임없이 정보를 받아들이고 나의 것으로 만드는 연습이 필요합니다. 신문을 읽으면서 계속 투자 경험을 쌓으면 투자를 못할 수 없습니다.

요즘 투자는 절대 평가라는 생각이 많이 듭니다. 다른 사람들과 비교한 상대적인 위치에서 나를 평가하는 것이 아니라, 내가 계속해서 좋은 투자를 하는 것이 중요하기 때문입니다. 그래야 나중에 돌이켜 봤을 때 후회할 일도 적겠죠. 좋은 투자를 오랫동안 유지하는 것을 목표로 합시다. 우리 모두 우상향하는 삶을 위해!

생각하기

1. 투자 공부를 시도했지만 계속해서 이어 가지 못했던 때를 떠올려 봅니다. 지금 그때를 돌이켜 보면 어떤 감정이 남나요?

2. 앞으로 어떻게 하면 오랫동안 좋은 투자를 할 수 있을지 고민해 봅니다. 저는 딱 하나만 남기자면 신문 읽기를 꼽습니다. 신문을 읽지 않는 부자는 없기 때문입니다.

광화문금융러와 함께하는 마인드셋 트레이닝

 DAY 3: 빨리 부자가 되고 싶다는 조급함 버리기

저는 삼수를 해서 대학에 입학했습니다. 누군가 삼수를 해서 대학에 입학했다고 하면 어떤 생각이 드시나요? 공부를 열심히 하지 않았나? 공부를 늦게 시작해서 뒤늦게 정신 차린 케이스인가? 보통은 이런 생각이 들 수 있을 것 같습니다. 저는 중학교 2학년부터 공부를 제대로 시작했습니다. 한겨울에 공부하다가 졸음이 오면 창문을 활짝 열고 공부하면서 '나 좀 멋진데?' 하고 생각할 정도로 열심이기도 했습니다. 성적도 나쁘지 않습니다. 예스럽긴 하지만 당시 저희 학교는 시험 결과 등수를 학교의 외벽에 붙였는데, 제 이름은 주로 맨 앞쪽에 올라가 있었습니다.

 하지만 고등학교 2학년 2학기쯤부터 이상하게 공부를 해도 성적이 더 이상 오르지 않았습니다. 오히려 크게 떨어지기 시작했습니다. 충격을 받고 잠자는 시간을 줄이면서까지 공부 시간을 늘렸지만 나아지지 않았습니다. 점점 지쳤고 낙담했습니다. 시간이 지나자 아무리 열심히 해도 안 되는 시기가 있다고 치부하기도 했습니다. 그런데 요즘에는 그때의 문제점이 무엇인지 알 것 같습니다. 조급함이 가장 큰 문제였습니다. 수능이 1년쯤 남은 상황에서 늦었다는 생각에 조급한 마음이 앞섰고, 늦은 만큼 훨씬 뛰어난 성적을 거둬야 한다는 압박감이 컸습니다. 그러다 보니 상황에 맞는 올바른 판단을 내리지 못했습니다. 좀처럼 성적은 오르지 않고 수렁에 빠진 느낌이 들었습니다.

처음 투자를 시작할 때 많은 사람들이 간절한 마음으로 시작합니다. 어쩌면 수능 공부를 할 때의 간절함보다 더 클 수도 있습니다. 그 뒤에는 조급함이 깔려 있는 경우가 많습니다. 젊은 분들은 주변의 친구나 SNS의 누군가와 자신을 비교하면서 나도 빨리 저렇게 되어야 한다는 생각을 하고요. 연세가 있으신 분들은 이 나이가 되었는데 은퇴 준비를 제대로 못했다며 서둘러야 한다고 말씀하시기도 합니다. 그리고 좋은 투자와 빠르게 성과를 내는 것을 동일하게 생각하는 경우가 많습니다.

투자에서는 특히 선택이 중요합니다. 정보가 중요하다고 생각하시는 분들도 계시겠지만 사실 정보는 유튜브와 블로그 등을 통해서 너무나도 쉽게 찾아볼 수 있습니다. 그 안에는 수많은 좋은 정보와 나쁜 정보가 뒤섞여 있습니다. 어떤 정보를 어느 시점에 선택할지는 오롯이 나의 판단에 달려 있습니다. 내가 무엇을 선택하는지에 따라 성과는 크게 달라집니다. 즉 투자에서는 내가 어떤 마음가짐으로 어떤 판단을 내리는지가 가장 중요합니다. 투자로 빨리 부자가 되려고 한다면 좋은 판단으로 좋은 선택을 할 수 없게 됩니다. 감당할 수 없는 위험만 떠안게 되는 경우가 대부분입니다.

이런 깨달음을 얻고 난 후로는 저는 오랫동안 투자하는 것을 목표로 합니다. 그리고 가장 좋은 선택을 하기 위해 노력합니다. 이렇게 투자를 하다 보니 저도 모르는 사이에 자산이 빠르게 불어나 있는 것을 경험했습니다. 오랫동안 투자하려는 목표가 오히려 더 빠르게 자산을 늘려 준 셈입니다. 이번 기회를 통해 '빨리 부자가 되려는 마음'에 대해 다시 한번 고민해 보는 시간이 되셨길 바랍니다. 더불어 투자하면서 내가 언제 마음이 조급해지는지, 앞으로 조급한 마음이 들 때면 어떻게 극복할 수 있을지 생각해 보면 건강한 마인드셋을 구축하는 데 큰 도움이 될 것입니다.

생각하기

1. 투자를 대하는 나의 태도에 대해 생각해 봅니다. 빠르게 부자가 되고 싶은 조급함이 깔려 있지는 않으신가요?

2. 누구나 단기간에 부자가 되고 경제적 자유를 이룰 수 있다는 콘텐츠들이 유행했던 때가 있었습니다. 지금은 어떤가요? 앞으로 어떤 마음가짐으로 자산을 모아야 할지 생각해 봅니다.

광화문금융러와 함께하는 마인드셋 트레이닝

 DAY 4: 불필요한 감정 배제하기

제 자랑 같지만 저는 합리적이고 이성적으로 일 처리를 잘하는 편이었습니다. 일머리가 있다는 평가를 많이 받았고, 주변 동료들도 저와 함께 일하는 것을 좋아했습니다. 일에서는 기쁨, 슬픔, 짜증, 화와 같은 감정들을 배제했습니다. 물론 생각처럼 일이 안 풀릴 때도 있었지만 일은 그냥 하면 되는 것이었습니다. 이러니저러니 해도 어차피 월급은 나왔으니까요. 그래서 상대적으로 업무 강도가 매우 높다는 금융권에서 일하면서도 큰 스트레스 없이 일할 수 있었습니다. 그런데 퇴사를 하니 이전과는 전혀 다른 세상이 펼쳐졌습니다. 우선 가만히 있어도 월급이 나오지 않았습니다.

　무엇보다도 회사에 다닐 때보다 훨씬 잘하고 싶은 욕심이 생겼습니다. 그래서인지 그동안 해 왔던 방식과 다르게 일에 많은 감정들이 담기기 시작했습니다. 뭐든 잘하고 싶은 욕심, 협업하는 사람에 대한 높은 기대 수준, 원하는 결과를 빨리 얻고 싶은 조바심 같은 것이었습니다. 하지만 이런 감정들은 일하는 데 큰 도움이 되지 않았습니다. 가장 큰 문제는 꾸준함을 유지하기 어려웠습니다. 일이 잘될 때는 신나기도 했지만 점점 더 잘해야 한다는 부담감이 있었고요. 잘 풀리지 않을 땐 빨리 반등해야 한다는 압박감을 느끼기도 했습니다. 부담과 압박감을 반복해서 느끼니 꾸준함을 유지하기 힘들었습니다.

이렇게 모든 일에 하나하나 감정을 실어서는 도저히 안 되겠다는 결심이 섰습니다. 그 후로부터는 의도적으로 감정을 빼기 시작했습니다. 현재 하는 일에 최선을 다하되, 다른 사람과 비교하지 않았습니다. 오로지 나에게만 집중했습니다. 열심히 일했는데 그만큼 성과가 나지 않으면 맥이 빠지지 않느냐고 말할 수도 있습니다. 하지만 맥이 빠진다고 일을 하지 않을 수는 없습니다. 오히려 맥이 빠진다는 것은 열심히 일하지 않는 핑계일 뿐입니다. 열심히 일하는 것은 당연합니다. 시간이 지나서 보니 단기간에 좋은 성과를 보이는 사람은 많아도 꾸준히 좋은 성과를 유지하는 사람은 아주 드물었습니다.

이 모든 과정들이 제가 주식 투자를 하면서 좋은 마음가짐을 갖게 되었던 과정과 일치했습니다. 밤새 공부해서 종목을 선정했는데 예상과 달리 주가가 크게 하락한 적도 많았습니다. 틈날 때마다 주식 창을 바라보지만 상황은 더 나아지지 않았습니다. 열심히 공부하고 투자했는데도 결과가 신통치 않으니 공부가 무슨 의미가 있나 싶기도 했습니다. 그런데 수천만 원을 들여 비교적 큰 금액으로 투자했던 종목들 중에 불과 3, 4년 안에 일곱 배가 되는 것들이 생겨났습니다.

결국 나를 갉아먹는 감정들은 좋은 주식 투자를 하는 데 걸

림돌만 되었던 것입니다. 이후 투자에서 최대한 감정을 배제하는 것이 무엇보다 중요하다는 것을 깨달았습니다. 그러기 위해서는 요령이 좀 필요합니다. 가장 높은 확률로 우상향할 수 있는 종목들에 투자하고, 언제든 하락할 수 있는 주식 시장에서 버틸 수 있는 자금으로만 주식 투자를 하는 것처럼 말이죠. 이런 훈련들을 통해 불필요한 감정을 빼는 것에 익숙해지자 나중에는 주식 투자 비중이 높아져도 등락에 무덤덤해졌습니다.

누군가와 성과를 비교하는 것도 마찬가지입니다. 어떻게 보면 투자에서 가장 힘들면서 유혹에 빠지기 쉬운 순간이기도 합니다. "비트코인으로 10억 벌고 은퇴했다더라", "2차 전지 투자로 한 달 만에 5000만 원 수익이 났다더라" 등의 이야기를 들으면 자연스럽게 흔들리고 불안해집니다. 하지만 시간이 조금만 지나면 이런 투자로 꾸준하게 자산을 유지하는 사람은 거의 없다는 사실을 알 수 있습니다. 오히려 비슷한 투자로 큰 손실을 보는 경우는 쉽게 볼 수 있습니다. 복권 당첨자들이 갑자기 생긴 엄청난 자산을 유지하지 못하는 이유와 비슷합니다.

주식 투자를 할 때 모두가 같은 마음일 것입니다. 내 소중한 자산이 잘 성장해서 큰 보탬이 되기를 바라는 욕심이 들어갈 수밖에 없습니다. 하지만 이런 욕심은 결코 투자에 도움이 되지 않고요. 자본주의 세상을 살면서 투자는 당연히 열심히 하는 것입니다. 어떤 이유가 필요하지 않습니다. 그렇다면 우리가 할 수 있는 최선은 그저 현재 상황에서 내가 할 수 있는 최선의 선택을 반복하는 것입니다. 좋은 주식을 계속해서 매수하면서 장기 투자를 하는 것처럼 말이죠.

광화문금융러와 함께하는 마인드셋 트레이닝

(S) DAY 5: 좋은 것은 일찍 시작하기

가끔 아침에 러닝을 하러 공원을 나갈 때마다 뵙는 어르신이 있습니다. 한눈에 보기에도 나이가 지긋하신 것 같은데 늘 30분 이상 러닝을 하시는 것 같았습니다. 내가 저 나이가 되어서도 잘 달릴 수 있을까 싶을 정도로 건강한 모습이 대단해 보였습니다. 그러다 하루는 어르신께서 제 앞에서 달리고 계시다가 손수건을 떨어뜨리셨습니다. 이때다 싶어 손수건을 주워 드리면서 말을 건넸습니다. "선생님은 언제부터 달리기를 시작하신 거예요? 저보다 체력이 좋으신 것 같아요." 그러자 어르신께서는 육십이 넘어서 시작했으니까 5년 정도 밖에 안 됐다고 대답하셨습니다. 오랜 회사 생활 끝에 정년 퇴직을 하셨고, 심장이 안 좋아져서 걷기 시작한 것이 지금의 러닝으로 이어졌다고 하셨습니다.

"처음엔 너무 늦게 시작한 것 같아서 그동안 뭐 하고 살았나 싶더라고. 그런데 지금은 더 늦기 전에 운동을 시작하길 잘했다 싶어. 안 그랬으면 몸도 아프고 더 크게 후회를 했을 거야. 그쪽도 나왔다 안 나왔다 하지 말고 꾸준히 운동해 봐." 종종 러닝을 빼먹는 걸 알고 계신 것이 부끄러운 동시에 생각보다 늦게 러닝을 시작하셨다는 사실이 놀라웠습니다. 인생에서 너무 늦은 때란 없고, 좋은 것은 언제 시작해도 좋다는 걸 새삼 다시 한번 느낄 수 있었습니다. 집에 와서 나중에 과거를 돌이켰을 때 후회하지 않으려면 무엇을 해야 할지 생각했습니다. 그리고 하루의 시작을 운동으로 배치했습니다. 가장 중요한 것을 꾸준히 오랫동안 하고 싶어졌기 때문입니다.

좋은 것은 일찍 시작할수록 좋습니다. 그렇다고 일찍 시작하지 않은 것이 잘못되었다는 것을 의미하지는 않습니다. 좋은 것을 알아도 하지 않는 것이 잘못된 것이죠. 좋은 것을 시작하기에 늦은 때란 없습니다. 투자도 마찬가지입니다. 물론 투자는 일찍 시작할수록 좋습니다. 특히 우리가 추구하는 마음 편한 투자는 더욱 그렇습니다. 러닝을 육십이 넘어서 시작해도 좋은 것처럼 좋은 투자 역시 늦게라도 시작하는 것이 좋습니다. 늦었다는 기준도 매우 상대적입니다. 누군가에게는 늦었지만 누군가에게는 늦지 않을 수 있습니다. 자주 강조해서 말씀드리지만 언제 시작하느냐보다 중요한 것은 얼마나 오랫동안 투자하는냐입니다.

요즘 여러 인터뷰를 하면서 가장 많이 받는 질문 중에 하나가 미국 주식이 많이 올랐는데 지금 주식 투자를 시작해도 될지에 대한 내용입니다. 주가가 오르기 전에 미국 주식 투자를 시작했어야 했다는 아쉬움이 들지만 막상 지금 투자하려니 두렵기 때문일 것입니다. 하지만 좋은 주식을 사면 최악의 경우 시장의 정점에서 시작하더라도 결국 좋은 성과를 거둘 수 있습니다. 주식시장이 붕괴하거나 금융 위기가 왔을 때도 마찬가지입니다. 대부분의 사람들은 최악의 타이밍에 주식 투자를 시작하지 않습니다. 진짜 문제는 이런저런 이유로 좋은 투자를 오랫동안 지속하지 않는 것입니다.

생각하기

1. 만약 지금까지 미국 주식 투자를 미뤘다면 그 이유가 무엇인지 생각해 봅니다. 단순하게 주가만 보고 많이 올랐다고 판단했는지, 공부가 충분하지 않다고 생각했지만 공부를 하지 않고 미루기만 한 것은 아닌지, 단기간의 수익을 위해 타이밍을 잰 것은 아닌지 말입니다. 그리고 어떤 관점에서 투자를 시작해야 할지 고민해 봅니다.

광화문금융러와 함께하는 마인드셋 트레이닝

⑤ DAY 6: 성장형 마인드셋 갖추기

온라인 강의 플랫폼에서 계속해서 매출 1위를 기록하다 보니 감사하게도 여러 좋은 제안을 많이 받고 있습니다. 어제도 한 업체 대표님을 만났는데 그분께서는 저에 대해 인간적인 관심이 많으셨습니다. 대표님이 묻는 질문에 답을 하면서 문득 제가 살아온 과정을 돌이켜 보니 문제 해결의 연속이었다는 생각이 들었습니다. 내 집 마련이나 제대로 할 수 있을까 싶어서 일찌감치 주식 투자를 시작했고, 더 빠르게 목표를 이루려면 투자 금액을 늘려야 했습니다. 그래서 시작한 것이 블로그와 페이스북 마케팅, 그리고 취업 강사 활동이었습니다. 곧이어 주식 투자와 유튜브 운영으로 조기 은퇴를 준비했습니다.

이후 조기 은퇴라는 목표를 이루고 지금은 제 시간을 어떻게 하면 좀 더 가치 있게 활용할 수 있을지를 고민하며 여러 활동들을 이어 가고 있습니다. 이렇게 살아온 과정들이 문제 해결의 연속이었고 총 10년이라는 시간이 걸렸습니다. "특별하게 운이 엄청 좋으셨던 케이스는 아니었네요. 여러 사람들을 만나다 보니 운이 많이 따라 준 덕분에 빨리 성공하신 분들도 계시더라고요." 업체 대표님의 말씀에 저는 이렇게 대답했습니다. "물론 제가 운이 나빴다고는 생각하지 않습니다. 만약 운이 나빴다면 아무리 애를 써도 지금의 결과를 얻기 힘들었을 테니까요."

하지만 아무리 겸손하게 생각하려고 노력해도 확실히 제가 운이 좋은 편은 아니었습니다. 큰돈을 들여 개발한 어플리케이션이 망하기도 했고, 결혼 자금으로 투자했다가 반 토막의 위기에서 간신히 원금만 건진 적도 있었습니다. 하지만 큰 행운이 따르지 않은 덕분에 배운 것들이 많습니다. 일하는 데 필요한 기술을 정직하게 노력으로 익힌 것은 당연하고요. 지금 여러분들에게 알려 드리는 투자 방법들도 터득할 수 있었습니다.

무엇보다도 가장 큰 수확은 '성장형 마인드셋'을 온몸으로 체득한 것입니다. 주어진 문제들은 하나씩 해결한 결과 나도 모르는 사이에 성장했고, 그것은 앞으로도 계속해서 성장할 수 있다는 자신감을 갖기에 충분했습니다. 반면 이런 성장형 마인드셋과 반대되는 개념이 '고정형 마인드셋'입니다. "공부 머리는 유전이다"라는 자조 섞인 말도 고정형 마인드셋에서 나왔습니다. 그 외에도 도전을 회피하고 실패하면 안 된다고 생각하게 만들기도 합니다. 그리고 남의 성공에 대해서 위협을 느끼고 때로는 깎아내리기도 합니다.

이와 다르게 성장형 마인드셋은 지능이나 재능은 노력으로 갈고닦을 수 있다고 생각합니다. 도전을 받아들이고 실패를 인생을 완성하기 위한 하나의 과정으로 여깁니다. 더불어 다른 사람의 성공을 통해 교훈을 얻고 나도 할 수 있다는 영감을 얻습니다. 여러분들께서 어떤 시점에 어떤 마음가짐으로 이 글을 읽고 계실지 모르겠습니다. 이제 막 주식 투자를 시작했는데 행운이 따라 주어 꽤 좋은 성과를 보고 계실 수도 있고요. 반대로 이제 막 주식 투자에 입문했는데 하락장을 맞아 손실 상태일 수도 있습니다. 특히 손실을 입고 있는 상황에서 어떤 마인드셋을 갖추느냐가 앞으로 남은 인생에서의 투자 성과를 좌우합니다.

역시 나는 주식 투자 같은 건 안 맞는 사람이라고 생각해서 도전을 회피할 수도 있고, 실패를 하면 안 되기 때문에 다시 예적금 통장에 가입할 수도 있습니다. 그러다 누군가가 주식 투자로 돈을 벌었다고 하면 질투심에 그의 성공을 깎아내리기도 합니다. 우리는 투자에서도 성장형 마인드셋을 갖추어야 합니다. 무리한 투자로 큰 손실을 입었다면 누구나 한 번쯤 거치는 과정이라고 생각하는 담대함이 필요합니다. 행운이 따르기만을 기다리고 계신가요? 그보다는 성장형 마인드셋으로 무장하고 자산을 성장시킬 수 있는 방법을 고민하는 것이 현명한 방법입니다. 그래야 결국 나도, 내 자산도 성장시킬 수 있습니다.

생각하기

1. 지금까지 살면서 운이 얼마나 중요하다고 생각했나요? 특히 투자에서는 어떨까요? 내가 통제할 수 없는 운에 의해 지배되는 영역이라고 생각하지는 않았나요?

광화문금융러와 함께하는 마인드셋 트레이닝

(S) DAY 7: 투자 환경에 나를 노출시키기

투자를 잘하고 싶다는 마음이 무척 간절했던 때가 있습니다. 내가 원하는 미래와 현실적인 가능성의 차이를 확인하고 낙담할 때마다 간절함은 날마다 더욱 커졌습니다. 좋은 직장에 입사했지만 강도 높은 일을 하면서도 매일 새벽 2시까지 투자 공부를 했던 것은 이런 간절함 때문이었습니다. 노력은 배신하지 않는다는 말을 믿었습니다. 어쩌면 당시 제가 할 수 있는 것이 오직 노력뿐이었기 때문에 그 말을 믿고 싶었던 것 같기도 합니다.

특히 30%가 넘는 수익률을 달성할 수 있다는 퀀트 투자에 관련된 책을 보고 큰 설렘을 느꼈던 날이 기억납니다. 여기에 좀 더 좋은 종목을 선별하면 40%, 어쩌면 50%까지도 가능할 것 같다는 생각에 온갖 변수를 추가하며 밤을 샜습니다. 하지만 결국 찾지 못했죠. 나중에는 책에서 알려 주는 투자 공식을 따라서 그대로 투자했습니다. 그럼에도 성과는 30%에 한참 못 미쳤고요. 과거의 수익률이 미래의 성과를 보장해 주지 않는다는 사실만 다시 한번 확인할 수 있었습니다. 하지만 포기할 수는 없었습니다. 그렇다고 예전처럼 늦게까지 공부하지는 않았습니다. 대신 매일 조금씩 주식 시장에 익숙해지고, 종목들과 친해지려고 노력했습니다.

한번은 아내가 맹장 수술을 받은 적이 있었습니다. 통증을 완화시키는 무통 주사를 맞고 있었는데, '코콤'이라는 회사에서 만든 의료 기기였습니다. 저도 모르게 "코콤은 인터폰 만드는 회사인 줄 알았는데 의료 기기도 만드네?"라고 했다가 한 소리 들었던 적이 있습니다. 2019년쯤 치과에서 스케일링을 받으려고 누워 있었을 때도 마찬가지였습니다. 옆 침대에는 어르신이 임플란트 진료를 받고 계셨습니다. 동시에 '오스템 임플란트'라는 회사의 포스터가 눈에 띄었습니다. 생각해 보니 다른 치과를 가도 치과 벽면에 붙어 있는 임플란트 광고 포스터는 전부 오스템 임플란트였습니다. '노인 인구가 계속 늘어나면 임플란트 시장이 커지겠구나' 하는 생각이 들었습니다. 주가도 괜찮았습니다. 그래서 오스템 임플란트에 투자했고, 꽤 괜찮은 수익을 거둘 수 있었습니다. (지금은 횡령 문제로 상장 폐지되었지만요.)

이런 경험들이 쌓이면서 어떤 물건이 좋아 보이면 제조사가 어딘지부터 확인하게 되었습니다. 그러면서 새로운 기업들을 접하는 것이 즐거웠습니다. 최근에는 건강 검진을 받다가 '루닛'이라는 의료용 AI 솔루션을 제공하는 회사의 포스터를 봤습니다. 테마주로만 인식하고 있었는데 실제로 AI 솔루션이 건강 검진에도 쓰이고 있다는 것을 확인하니 새로웠습니다. 이 경험을 통해 AI 기술의 실질적인 효과에 좀 더 확신을 가질 수 있었습니다.

제 강의를 듣는 수강생분들께서는 잘 아시겠지만 저는 신문 읽기를 중요하게 생각합니다. 투자를 잘하는 사람은 물론이고, 부자들은 모두 신문을 읽습니다. 워런 버핏도 매일 오전은 신문 읽기로 시간을 보낸다고 합니다. 그래서 저도 신문을 읽기 시작했습니다. 처음엔 왜 신문을 읽어야 하는지, 어떤 도움이 되는지 잘 몰랐습니다. 하지만 아무리 바빠도 어디서든 언제든 단 10분만이라도 매일 신문을 읽었습니다. 그랬더니 시장을 판단하는 안목이 점차 높아지는 것이 느껴졌습니다. 그리고 지금은 강의나 방송을 통해 제 생각을 전문적으로 전달할 수 있는 수준까지 이르게 되었습니다.

투자 공부를 좀 하다가 원하는 성과가 나오지 않으면 투자에 소질이 없다며 포기하는 경우가 많습니다. 저도 그랬습니다. 다만 단기간에 원하는 만큼의 성과가 나타나는 것은 재능이나 소질이라기보다 운에 가깝다는 사실을 깨닫고 다시 도전했을 뿐입니다. 투자 고수가 되고 싶다면 자신을 투자 환경에 노출시키는 것이 중요합니다. 아침에 일어나면 신문을 읽고, 양질의 강의를 듣고, 좋은 칼럼을 읽으면서 생각을 정리하고, 실생활에서 투자에 대한 궁금증을 유지하고요. "우리가 반복적으로 하는 일이 우리가 누구인지를 말해 준다. 그러므로 탁월함은 행동이 아닌 습관이다"라는 말을 좋아합니다. 탁월한 투자를 위해 좋은 투자 습관을 가지실 수 있길 바랍니다.

생각하기

1. 지금껏 투자에서 좋은 성과를 거두지 못했다면 그 원인이 무엇인지 생각해 봅니다. 너무 쉽게 요행에 의존했던 것은 아닌가요? 정말 내 실력을 키우기 위해 노력을 한 것은 맞는지 생각해 봅니다. 그리고 지금부터 투자 실력을 키우기 위해서는 어떤 꾸준한 노력을 기울여야 할지 계획을 세워 봅니다. 세상에 공짜는 없습니다. 투자자라면 이 말부터 확실하게 내 것으로 만들 필요가 있을 것 입니다.

광화문금융러와 함께하는 마인드셋 트레이닝

 DAY 8: 낙관주의자 되기

"어떤 기준으로 퇴사를 하셨나요?" 요즘 강연이나 강의 등을 통해 수강생분들을 만나면 자주 받는 질문입니다. 아무래도 서른 다섯의 평범한 회사원이 직장을 그만둔 스토리가 많은 분들의 관심을 불러일으킨 듯합니다. 저는 진지하게 가능성을 따지는 사람입니다. 통계학을 전공한 사람들의 특징이 아닌가 하는 생각이 듭니다. 하지만 제가 퇴사를 결정했던 이유는 가능성 또는 숫자로 표현될 수 있는 영역이 아니었습니다. 물론 주식 투자로 월 300만 원은 만들 수 있을 것이라는 확신을 얻고 퇴사를 했습니다. 그러나 월 300만 원은 제가 벌어야 하는 최소한의 몫이었습니다. 그리고 많은 사람들의 우려처럼 만에 하나 주식 시장이 고꾸라지면 어떡하나, 하는 걱정도 마음 한 켠에 존재했습니다.

이런 상황에서 여러 번 이직하면서 쌓은 꽤 괜찮은 수준의 연봉을 포기하는 것은 가능성이나 숫자로 판단했을 때 합리적인 선택이 아니었습니다. 하지만 남들보다 이른 나이에 주식 투자를 시작하고, 오랫동안 주식 시장에 머무르며 배운 것이 두 가지 있었습니다. 첫째는 완벽하게 안전한 상태는 없으므로 위험을 감수하고 극복해야 한다는 것입니다. 둘째는 계속 좋은 주식을 매수하면 결국 큰 보상이 따른다는 것이고요.

투자자들에게 투자하기 좋은 '완벽한' 시기는 없습니다. 얼마 전까지만 해도 미국 경제의 침체가 예상되기도 했습니다. 하지만 미국은 현재 선진국 중에서 유일하게 성장세를 이어 가고 있습니다. 또한 미국 기업들 역시 연일 어닝 서프라이즈의 실적을 발표하고 있습니다. 그럼에도 미국 정부의 부채 문제, 상업용 부동산 리스크 등 여러 부정적인 요소들도 존재합니다. 많은 사람들이 완벽하게 투자하기 좋은 시점에 투자를 하고 싶어 하지만 완벽한 때를 알 수 없습니다. 현재는 언제나 불확실하기 때문입니다. 나중에 시간이 지나 주가가 오른 결과를 보고 나서야 "그때가 투자하기 좋았는데", "그때 투자했어야 했는데" 하고 안타까워합니다.

투자를 힘들게 하는 것이 바로 불확실성입니다. 주가가 조금만 오르면 팔고 싶고, 아무리 좋은 주식일지라도 계속 매수하는 것에 거부감을 느끼는 것도 불확실성에 대한 두려움 때문입니다. 하지만 좋은 주식을 계속 매수하는 것은 누구나 좋은 성과를 내는 가장 확실한 방법입니다. 인생에서 새로운 진로를 선택하는 일도 불확실성투성입니다. 하지만 주식 투자와 같이 많은 일에서 완벽한 조건과 시기는 없습니다. 설령 아무리 좋은 시기, 좋은 조건에서 새로운 도전을 하더라도 과정에서 부침은 당연히 생길 수밖에 없습니다. 피하려고 노력한다고 해서 완벽하게 피할 수 있는 것도 아니고요. 부딪히고 좋은 행동을 쌓으면서 이겨 내야 합니다.

조기 은퇴, 안정적인 노후, 효율적인 자산의 증식을 원하는 분이라면 주식 투자는 선택이 아니라는 것을 잘 알고 계실 것입니다. 하지만 완벽하게 투자하기 좋은 조건에서만 투자를 할 수는 없습니다. 오히려 좋은 시기를 기다리다가 뒤늦게 너도나도 투기하는 시기에 마지못해 뛰어드는 경우가 훨씬 많습니다. 따라서 우리는 내가 투자하려는 때가 가장 좋은 시기라고 생각하면서 낙관주의자가 되어야 합니다. 그리고 경험을 쌓으며 좋은 주식들을 계속 모아야 합니다. 대부분의 투자자들에게 가장 합리적이고 효율적으로 투자하는 방법이기 때문입니다. 투자와 인생에서 낙관주의자가 되실 수 있기를 희망합니다.

생각하기

1. 지금까지 투자를 대하는 본인의 태도는 낙관주의였나요? 아니면 비관주의에 가까웠나요? 만약 비관주의에 가까웠다면 누군가의 말에 현혹되었던 것은 아닌지, 본인 스스로 객관적인 사실을 놓고 판단한 것인지 고민해 봅니다. 그리고 앞으로 투자에서 낙관주의자가 되기 위해서 어떤 것들을 실행할지 계획을 세웁니다.

광화문금융러와 함께하는 마인드셋 트레이닝

DAY 9: 현금 흐름의 중요성 깨닫기

평소 친하게 지내는 출판사 대표님에게 전화가 왔습니다. (지금 이책의 출판사 대표님이십니다.) KBS에서 PD로 재직 중인 선배가 있는데 저를 꼭 소개해 주고 싶다는 안부 인사였습니다. 그러면서 갑자기 "다음 재테크 트렌드는 뭘까요?" 하고 물으시더군요. 저는 정확히 다음과 같이 답했습니다. "내년에 어떤 종목이 오를지와 비슷한 질문인 것 같은데요? 그 답을 알고 있는 사람은 없을 거예요. 제가 생각하는 재테크의 본질은 꾸준히 우상향하는 자산 형성입니다. 그리고 돈을 열심히 모으고 싶은 사람들에게 재테크의 트렌드보다 재테크의 본질을 알려드리고 싶어요."

10년 넘게 주식 투자를 하면서 확실히 재테크 분야는 트렌드가 있다는 것이 느껴집니다. 제가 처음 주식 투자를 시작했던 2009년은 자산 상승기였고, 이때도 팬데믹 시기처럼 사람들은 부자 되는 법에 열광했습니다. 그리고 얼마 지나지 않아서 '88만 원 세대'와 같은 용어들이 유행하기 시작했습니다. 이때 동시에 유행했던 단어가 '3포 세대', '5포 세대' 같은 단어였습니다. 바짝 노력해 봤지만 안 되는 걸 깨닫고 포기하는 사람들이 생겨난 것입니다.

지금도 크게 다르지 않습니다. 팬데믹 이후 자산 상승기에 누구나 쉽게 부자가 될 수 있다는 콘텐츠들이 유행했습니다. 하지만 그런 콘텐츠는 운인지 실력인지 모를 그들에게만 해당하는 이야기들이었고요. '갓생 살기'라는 단어가 유행할 만큼 열심히 자기계발을 하지만 이제 슬슬 지쳐 가는 시기이기도 합니다. 그래서 트렌드는 돌고 돈다는 측면에서 3포 세대나 5포 세대와 비슷한 용어들이 또다시 유행하지 않을까 짐작해 봅니다.

하지만 늘 그렇듯이 다른 사람들이 지쳐서 나가떨어질 때가 오히려 기회인 경우가 많습니다. 투자도 우상향할 가능성이 높은 좋은 자산에 대한 비관적인 판단이 절정일 때가 가장 좋은 기회가 되는 것처럼 말이죠. 그래서 지금도 이 글을 읽으면서 더 나은 투자를 하기 위해 노력하는 분들이 대단하신 것이고요. 결국 자신이 원하는 미래를 꿈꿀 수 있는 자격이 있는 분들이십니다. 그런데 이런 재테크 사이클과 무관하게 항상 중요한 것이 있습니다. 그것은 바로 현금 흐름입니다. 가장 쉬운 예로 금융 기관에서 대출을 해 줄 때 가장 중요하게 보는 것이 일관성 있는 현금 흐름(일관성 있는 수입과 지출)입니다. 그만큼 일관성 있는 현금 흐름을 갖고 있다는 것은 돈을 빌려줘도 될 만큼의 신뢰가 담보되어 있음을 의미합니다.

반대로 나의 입장에서는 일정한 현금 흐름이 들어온다는 것은 모르는 사람에게 돈을 빌릴 수 있을 정도로 강력한 힘을 갖게 된다는 의미입니다. 일정한 현금 흐름이 있으면 날 전혀 알지 못하는 금융 기관에서 언제든 돈을 빌릴 수 있습니다. 전기차, 반도체, AI, 비만 치료제, 암호 화폐, 그리고 그다음 대세가 되는 테마가 무엇이 될지는 잘 모르겠습니다. 하지만 경제 사이클과 상관없이 계속해서 중요한 것은 현금 흐름이었습니다. 현금 흐름이 만들어지면 더 많은 대출을 감당할 수 있고, 내 시간을 내가 원하는 대로 쓸 수 있는 자유를 얻을 수도 있습니다. 안정적인 노후 대비는 당연합니다. 트렌드 예측이나 주도주 찾기도 중요하지만 궁극적으로 내가 원하는 삶을 살 수 있도록 도와주는 것이 무엇인지 생각해 보셨으면 좋겠습니다.

생각하기

1. 투자자가 현금 흐름의 중요성을 아는 것은 정말 중요합니다. 현금 흐름은 경제적 자유를 이끌어 주기도 하지만 힘든 시기를 수월하게 이겨 낼 수 있는 버팀목이 되기 때문입니다. 만약 지금까지 자산가의 정의를 자산의 규모로만 생각하지는 않았는지, 앞으로 주식 투자로 안정적인 현금 흐름을 만들기 위해서는 어떤 계획을 세우고 실행해야 할지 고민해 봅니다.

광화문금융러와 함께하는 마인드셋 트레이닝

⑤ DAY 10: 장기전에 대비하기

2009년 제 인생에서 처음으로 의미 있게 매수한 종목은 기아였습니다. 여러 가치 투자에 관련된 서적을 많이 읽었지만 매수를 결정한 이유는 생각보다 간단했습니다. 당시에 새로 출시되었던 'K5'라는 모델이 너무 예뻐 보였기 때문입니다. 잘 팔릴 수밖에 없다는 직감이 강하게 들었죠. 1만 원 정도의 주가에서 있는 돈을 탈탈 털어서 매수했고 100% 수익을 내고 매도했습니다. 최근 1년 동안 현대와 기아가 미국 전기차 시장에서 인기가 좋다는 기사가 많이 나오더니 최근 기아의 주가는 10만 원대를 유지했습니다. 투자 공부 없이 그저 돈이 생길 때마다 기아의 주식을 매수했다면 손쉽게 큰 자산을 이룰 수 있었던 것입니다.

조금 허무합니다. 하지만 이와 비슷한 일이 참 많습니다. 팬데믹 시기에는 삼성전자만 매수해서 큰 수익을 낸 사람들의 이야기가 유튜브에서 화제가 되기도 했고요. 15년 전에 엔비디아를 2000주 넘게 매수한 계좌를 열어 보니 20억 원 넘게 있었다는 인증 사진이 여기저기 공유되기도 했습니다. 이렇듯 주식은 장기적인 상승 운동이 가능하기 때문에 주식을 사 놓고 오랜 시간이 흐른 후에 보면 큰 수익으로 남아 있는 경우가 많습니다. 어떻게 이런 일이 가능할까요?

주식은 쉽게 말해서 기업의 일부분을 소유하는 것입니다. 그리고 기본적으로 기업은 계속해서 이익을 추구합니다. 주식 투자는 기업에서 번 돈을 주주들이 나눠 갖는 것이므로, 현재 또는 미래에 이익을 많이 나눠 줄 것으로 기대되는 기업의 주가가 많이 오르게 됩니다. 하지만 주식의 가치는 이익에 의해서만 움직이지는 않습니다. 가끔 호재에 투자자들이 지나치게 반응하여 적정 주가보다 비싸게 매수하기도 합니다. 때로는 악재에 과잉 반응 하여 적정 주가보다 훨씬 헐값에 매도하기도 합니다. 즉 기업의 이익에 의해서만 주가가 형성되는 것이 아니라, 누군가 주식을 더 비싸게 사거나 헐값에 팔아 주는 과정에 의해서도 가격이 형성됩니다. 이걸 수요와 공급이라고 표현할 수도 있고요. 좀 더 쉽게 '손 바뀜'이라고 표현하기도 합니다. 하지만 결국 주가는 기업의 이익에 따라 움직이게 되어 있습니다.

결과적으로 삼성전자나 기아 같은 주식들은 장기간 주가가 크게 상승했지만 이는 결과론적인 이야기일 뿐입니다. 한때 잘 나갔던 기업들이 상장 폐지가 되어 역사속으로 잊혀지는 경우도 많기 때문입니다. 그래서 저는 일반 개인 투자자들에게 개별 기업의 주식보다는 ETF 투자를 권합니다. 여러 좋은 기업에 투자하면 몇몇 망하는 기업들도 있을 수 있지만 훨씬 많은 기업들의 주가가 장기간 크게 오를 것이기 때문입니다. 이 사실을 안다고 해도 장기 투자는 어렵습니다. 100일 때 사서 110일 때 팔았다고 뽐내는 사람들이 주변에 너무 많으니까요. 나는 장기 투자를 하고 있기 때문에 현재 손에 쥐는 것이 없는데 주변에서 돈 벌었다는 이야기를 들으니 내 투자에 자꾸 의심이 들고 갈아타고 싶어집니다.

주가가 잘 오르고 있던 기아를 중간에 매수했던 이유도 마찬가지였습니다. 단기간에 100%의 수익을 거두었음에도 불구하고 더 큰 주가 상승을 보이는 급등주들이 눈에 들어왔습니다. 물론 이런 시행착오를 겪으면서 지금의 투자법을 완성할 수 있었지만 대부분의 사람들은 나쁜 결과로 끝나기 마련입니다. 유럽의 워런 버핏이라고 불리는 앙드레 코스톨라니는 "자신의 재산을 약간 분산시키고 크고 튼튼한 기업의 주식에 투자하면 성공 가능성이 높다"라고 말했습니다. S&P 500 지수에 포함되는 미국 기업들은 현재도 돈을 잘 벌고 있고, 앞으로도 돈을 잘 벌 가능성이 높은 기업들이 무척 많습니다. 그렇다면 S&P 500에 장기 투자 하는 것이 현명하고 효율적인 투자 방법이 될 수 있습니다.

투자를 하다 보면 당연히 누군가의 성공 스토리에 마음이 흔들릴 수도 있습니다. 하지만 시간이 지나면 그들이 잠시 동안 뽐낸 것들이 신기루처럼 금세 사라지는 수익이라는 걸 깨닫게 됩니다. 잠깐 판단이 흐려졌다면 다시 돌아오면 됩니다. 누구나 실수는 할 수 있습니다. 중요한 것은 실수를 반복하지 않는 것입니다. 우상향하는 삶을 위해 어떻게 좋은 주식에 장기 투자 할 수 있을지 고민해 봅시다.

광화문금융러와 함께하는 마인드셋 트레이닝

⑤ DAY 11: 무너지지 않는 자산 쌓기

오늘은 제가 지금까지 투자를 하면서 가장 아찔했던 순간을 이야기하려고 합니다. 하마터면 결혼까지 못할 뻔했기에 도저히 잊을 수 없는 일화입니다. 투자로 좋은 성과를 낸 사람들이 그러하듯 저도 주식 투자에 제 모든 것을 갈아 넣었던 시기가 있었습니다. 퇴근 후 지친 몸을 이끌고 매일 새벽 2시까지 강의를 수강하는 것은 당연했습니다. 심지어 회식을 마치고 씻는 것마저 힘든 날에도 단 10분이라도 책상에 앉아 복습을 하고 잠자리에 들었습니다. 평범한 직장인이 혼자 힘으로 결혼하고 서울에서 내 집 마련까지 하려면 다른 방법이 없었습니다. 투자를 잘하는 것은 필수였으니까요.

그러다 어느 날 'SKC'라는 종목이 눈에 띄었습니다. 지금이야 2차 전지 소재 관련 기업으로 주목을 받고 있지만 10년 전에는 쉽게 말해서 그저 비닐 만드는 회사였습니다. 투자자들의 관심을 받을 만한 매력적인 회사가 아니었습니다. 주가도 오랫동안 3, 4만 원대에 머무르는 정도였습니다. 그런데 아무리 봐도 그동안 공부했던 다른 어떤 종목들보다도 기업의 가능성 대비 주가가 저렴해 보였습니다. 공부를 하면 할수록 더욱 매력적이었습니다. 참 이상합니다. 꼭 이럴 때 주가가 조금씩 오릅니다. 그리고 이런 말이 떠올랐습니다. "인생에 기회는 세 번 찾아온다."

　다른 모든 주식들을 팔고 즉시 현금을 모았습니다. 그리고 은행에 가서 마이너스 통장도 뚫었습니다. 예약해 둔 결혼식 날짜까지는 1년 정도 밖에 남지 않은 상황이었습니다. 무모하다고 생각했고 옳지 않다는 것도 알고 있었습니다. 하지만 인생에서 주어지는 세 번의 기회 중 한 번이라는 강한 확신이 드니 가만히 있을 수 없었습니다. 역시 슬픔 예감은 빗나가지 않았습니다. 주식을 매수하고 얼마 지나지 않아 주가는 20% 가까이 하락하기 시작했습니다. 결혼식까지 아직 시간이 있었지만 신혼집도 구해야 했습니다. "우리 집은 어떻게 할 거야?"라고 묻는 아내의 질문에 "조금만 기다려 보자"라며 미루기만 할 뿐이었죠. 아내 입장에서는 참으로 이상했을 겁니다. 파워 J인 남자 친구가 왜 가장 중요한 집 문제에 대해서 이렇게 미루기만 하는지요.

　금융 회사에서 리스크 관리 전략을 세우고 주식 투자도 오래 했다는 사람이 어떻게 이토록 무모한 판단을 내린 것인지 자책도 많이 했습니다. 다행히 6개월 정도 속앓이를 하고 나니 차츰 주가가 회복되었습니다. 결국 3% 정도 수익을 내고 결혼 준비를 할 수 있었습니다. 고작 3%의 수익인데 너무나 행복했던 기억이 납니다. 이 글을 쓰면서 지금은 얼마에 형성되어 있는지 궁금해서 찾아보니 고점 20만 원을 찍고 현재 12만 원 정도에 거래되고 있습니다. 괜한 걸 찾아봤습니다.

무의미한 가정이지만 20만 원 부근까지 기다렸다 팔았더라면 마이너스 통장을 모두 갚고 20억 원이 넘는 현금이 남았을 겁니다. 투자 수익 자체만으로는 정말로 제 인생에 있을 세 번의 기회 중 하나였는지도 모르겠습니다. 비록 당시 주식을 빠르게 매도하고 기회를 놓친 것 같아 보이지만 사실 뼈아프게 느껴지지는 않습니다. 이런 투자 경험들 덕분에 좀 더 진지하게 연구하고 고민할 수 있었기 때문입니다. 결국 저는 세 번의 기회 중 한 번의 기회를 잘 잡았다고 생각합니다.

돈에는 무게가 있습니다. 똑같이 순자산 20억 원을 들고 있다고 하더라도 한 번의 투자로 쌓아 올린 자산과 오랜 기간의 노력과 고민을 더하며 쌓아 올린 자산의 무게는 전혀 다릅니다. 전자는 잘못된 선택 하나로 쉽게 날아갈 수 있는 자산이지만 후자는 너무 크고 무거워서 도저히 쓰러뜨릴 수 없습니다. 매순간 아끼고 고민해서 차곡차곡 쌓아 올린 자산의 무게는 이렇습니다. 여러분들은 어떤 자산을 쌓고 싶으신가요?

생각하기

1. 개인적으로 좋은 투자를 알려 주는 사람과 그렇지 않은 사람을 이렇게 분류합니다. 좋은 투자를 알려 주는 사람은 돈을 대하는 태도와 절약 등을 가장 중요하게 여깁니다. 그렇지 않은 사람은 반대로 수익만을 강조하며 유혹합니다. 지금껏 나는 어떤 사람의 말에 더 관심을 가지고 귀를 기울였는지 생각해 봅니다.

광화문금융러와 함께하는 마인드셋 트레이닝

DAY 12: 나도 틀릴 수 있음을 명심하기

저는 일찌감치 주식 투자만이 제가 원하는 삶으로 이끌어 줄 도구가 될 것이라고 믿었습니다. 그래서 대학에서도 투자와 관련된 강의 위주로 수강했습니다. 여러 수업을 들었지만 그중에서도 '선물 옵션'이라는 강의 시간이 아직도 종종 생각납니다. 교수님이 유독 주식 투자에 대해 부정적이셨기 때문입니다. "주식 투자를 제일 못하는 사람이 누군지 알아요? 바로 나처럼 투자 가르치는 대학 교수가 제일 못해요. 이론대로 시장이 돌아가면 돈 못 벌 사람 없겠죠? 그렇게 쉽게 주식 투자로 돈 벌 수 있는 게 아니라는 거예요. 그러니까 여기서 조금 배운 걸로 투자하면 큰 코 다치는 거 꼭 기억하고, 여기 있는 사람 중에 대부분은 예적금만 하는 게 나을지도 모르니까 잘 판단하세요."

당시에는 교수님의 말씀이 잘 이해가 되질 않았습니다. 투자가 어려우니까 수업료를 내면서 수업을 듣는 건데 공부를 하라는 건지 말라는 건지 받아들이기 힘들었습니다. 생각해 보니 당시는 2008년 서브프라임 모기지 사태로 전 세계 주식 시장이 반 토막 나던 시절이었습니다. 아무리 투자 분석을 열심히 해도 모든 분석이 무색해질 만큼 주식 시장이 붕괴했습니다. 그래서 당시에는 주식 투자를 하면 미친 사람이라는 소리를 들었죠.

벤저민 그레이엄의 말처럼 모든 종류의 주식 매수가 매우 투기적이고 위험하다고 일반적으로 인정되었던 시기였습니다. 심지어 투자를 가르치는 교수님마저도 그렇게 생각할 정도였으니까요. 하지만 그때는 역사상 가장 큰 상승세가 시작되기 직전이기도 했습니다. 2009년부터 지금까지 S&P 500 지수는 무려 6배나 성장했습니다. 이와 반대로 많은 사람들이 투자에 자신감이 넘쳤던 시기로 2020년 팬데믹을 꼽을 수 있습니다. 유례없는 위기로 주가가 급락했습니다. 하지만 사상 초유의 돈 풀기에 힘입어 주가는 반등했고, 이후 거침없는 상승세가 이어졌습니다. 이 상승세는 예상보다 오래 지속되면서 2021년 미국 주식은 연거푸 고점을 경신했습니다.

그러면서 많은 사람들은 더 큰 주가 상승에 목이 말랐습니다. 2배, 3배 레버리지 투자를 해야 한다고 주장하는 콘텐츠들이 늘었고요. 실제로 레버리지 투자를 하는 사람들의 비중도 엄청나게 증가했습니다. 그리고 한 번도 흑자를 기록한 적이 없는 기업들의 주식이 대형 유튜브 채널에서 추천되기 시작했습니다. 기업의 가치는 중요하지 않았습니다. 돈이 있으면 어떤 주식이라도 일단 매수하고 봐야 할 것 같은 분위기였습니다.

하지만 바로 다음 해가 되자 급격한 금리 인상과 함께 주식 시장은 크게 조정을 받았습니다. 4, 5월까지만 하더라도 시장에서는 이제 곧 주가가 반등할 것이라는 기대감이 있었습니다. 하지만

6, 7월까지도 하락세가 계속 이어지면서 분할 매수를 하던 사람들도 매수를 중단했습니다. 그리고 이런 하락세가 몇 년 더 이어질 것이라는 관측도 나오기 시작했습니다. 하지만 어김없이 이 시기도 많은 주식들이 매력적인 가격에서 거래되던 매수하기 좋은 시점이었습니다.

앞으로 이와 같은 사이클은 계속해서 반복될 것입니다. 하지만 막상 하락기가 다시 오면 매수하기 어려워지고, 상승기가 오면 더 큰 상승에 대한 기대감을 버리기 어려워질 것입니다. 그 이유는 주식 투자에 투기적 요소가 존재하기 때문입니다. 저도 투자 판단이 틀릴 수 있다는 걸 염두에 두고 투자하려고 노력합니다. 당장의 높은 수익으로 연결되지는 못하더라도 일정 수준의 현금 보유를 중요하게 생각하고 있습니다. 진정한 투자자가 되려면 내가 투기를 할 수도 있다는 가능성을 열어 두는 것이 현명할지도 모르겠습니다.

생각하기

1. 지금까지 투자 계획을 세우면서 예상치 못했던 결과에 얼마나 대비했는지 돌이켜 봅니다. 만약 그렇지 않았다면 예상치 못한 방향으로 주식 시장이 전개가 되었을 때 심리적, 금전적으로 어떻게 대비하면 좋을지 계획을 세워 봅니다.

광화문금융러와 함께하는 마인드셋 트레이닝

 DAY 13: 행복에 대해 고민하기

저는 행복에 관심이 참 많습니다. 행복해지고 싶지 않은 사람이 어디 있냐고 되물을 수도 있지만 생각보다 행복 자체를 목표로 하는 사람은 많지 않습니다. 대부분 돈이 많으면 행복해질 것이라 생각하며 수단만을 좇습니다. 하지만 이렇게 돈만 따라가다 보면 본질인 행복을 새까맣게 잊어버리게 됩니다. 저는 좀 더 구체적으로 행복한 시간을 많이 확보하고 싶어서 투자에 접근했습니다. 하지만 열심히 한다고 언제나 원하는 결과를 얻을 수 있었던 것은 아니었습니다.

야근이 잦은 업무 환경에서도 매일같이 책상에 앉아 5분이라도 투자에 대한 책을 읽거나 강의를 들었습니다. 원하는 수준의 자산 목표에 도달하려면 지체할 시간이 없다고 생각했기 때문입니다. 하지만 이렇게 열심히 공부를 해도 큰 폭의 주가 하락을 피할 수 없었습니다. 더 신기했던 것은 강한 확신이 들어서 비중을 높인 종목들이 더 크게 하락했다는 점이었습니다. 반대로 분할 매수를 한다고 작은 비중으로 투자한 종목들의 주가가 크게 올랐습니다. 손실은 크고 수익은 작은 투자를 반복하니 투자 성과가 좋을 리 없었습니다. 마치 누가 내 계좌를 보면서 약 올리는 것 같은 느낌이 들기도 했습니다.

어느 날, 행복해지려고 투자 공부를 하는 것인데 다시는 돌아 오지 않을 젊은 시절을 이렇게 고통스럽게 갈아 넣는 것이 맞는 지 의문이 들었습니다. 성과마저 신통치 않으니 더욱 괴로워졌습 니다. 큰 성과를 내고 싶은 만큼 더 큰 위험을 감수해야 했지만 제 경험의 정도는 그런 위험을 감당할 수 있는 수준이 아니었죠. 그래서 기대 수익을 낮추기로 했습니다. 그리고 상대적으로 작은 수익률이라도 오랫동안 꾸준히 얻으면서 현재와 미래의 모든 시 간들을 행복한 시간으로 만들겠다고 다짐했습니다.

그랬더니 변화가 생겼습니다. 그동안 수십, 수백 번 지나치기 만 했던 S&P 500 그래프가 눈에 들어오기 시작했습니다. 그동 안 연평균 40, 50%의 수익률을 목표로 했으니 수익률이 10% 수준인 S&P 500 지수의 그래프가 눈에 들어오지 않았습니다. 하지만 기대 수익을 낮추니 S&P 500 지수보다 더 좋은 투자 대 상은 없었습니다. 동시에 개별주 투자의 성과도 훨씬 좋아졌습니 다. S&P 500 위주로 투자를 하면서 정말 좋아 보이는 종목들에 만 투자했습니다. 그랬더니 주가가 3, 4배 되는 종목들이 나오기 시작했습니다. 다르게 생각하면 주가가 3, 4배 될 때까지 충분히 기다려 줄 수 있는 여유가 생긴 것이었습니다.

마지막으로 생긴 변화는 좀 더 행복에 가까워졌다는 점입니 다. 단순하게 투자 성과가 좋아졌기 때문만이 아닙니다. 투자 때 문에 고통받고 고민하는 시간이 줄었을 뿐만 아니라, 앞으로도 내가 계속해서 좋은 투자로 자산을 불릴 수 있다는 확신이 들었습니다. 덕분에 날이 갈수록 투자가 더 재밌고, 신문 읽기도 재밌어지고 있습니다. 행복해지고 싶어서 투자를 하는 것이 아니라 이제는 투자 자체가 하나의 행복한 과정이 되었습니다. 저뿐만 아니라 독자님들도 같은 감정을 느끼며 투자를 할 수 있었으면 좋겠습니다. 우리 모두 우상향하는 삶을 위해서 말이죠.

생각하기

1. 지금까지 투자 공부가 버겁거나 일처럼 느껴졌던 적은 없나요? 만약 그랬다면 이유는 무엇 때문이었을까요?

광화문금융러와 함께하는 마인드셋 트레이닝

 DAY 14: 행동으로 옮기기

광화문금융러와 함께하는 마인드셋 트레이닝이 벌써 마지막 14일을 맞이했습니다. 2주 동안 트레이닝을 한다고 뭐가 달라질까 고민하셨을지도 모르겠습니다. 하지만 마인드셋에서 가장 중요한 것은 내가 바뀔 수 있다는 믿음입니다. 나 스스로에 대한 믿음에서부터 변화가 시작됩니다. 저는 퇴사를 하고 제 인생을 좀더 의미 있는 일에 쓰고 싶었습니다. 그래서 인생을 어떻게 채워야 나중에 후회하지 않을지 고민하는 데 가장 많은 시간을 썼습니다.

그리고 결론을 내렸습니다. 저 혼자만이 아닌 저와 마주하게되는 모든 사람들의 삶도 함께 우상향할 수 있도록 돕기로 정했습니다. 이 길이 제가 오랫동안 행복해질 수 있는 방향이라고 확신했기 때문입니다. 그래서 앞으로의 모든 활동을 좋은 투자를 안내하는 일에 집중하기로 했습니다. 제가 가장 좋아하고 잘하는 일이었으니까요. 주식 유튜브를 운영하기 때문에 내린 결론은 아니었습니다. 몇 년 전까지만 해도 투자 강의를 하고 싶은 생각은 전혀 없었습니다. 아마도 예전에 수많은 투자 강의를 들었을 때 큰 도움을 받은 기억이 없었기 때문일 수도 있습니다.

그런데 어쩌다 기회가 닿아 한 번씩 진행했던 강의들에서 소중한 인연들을 만나고, 몇 년이 지나도 감사하다는 말을 듣게 되면서 생각이 바뀌었습니다. 좋은 투자 강의로 다른 사람들의 삶을 도울 수 있다는 확신이 들었습니다. 책을 쓰기로 마음먹은 것도 같은 이유였습니다. 보통 투자에서 어떤 정보나 지식이 중요하다고 생각하는 경향이 있습니다. 하지만 벤저민 그레이엄의 말처럼 "건전한 의사 결정 원칙을 갖추고 감정이 그 원칙을 망가트리지 않도록 지키는 것"이 무엇보다 중요합니다.

투자를 하다 보면 때로 과도한 욕심이 생길 때도 있고, 하락의 공포감이 느껴질 때도 있습니다. 그리고 가끔은 다른 누군가의 성과에 시기와 질투심이 들기도 합니다. 하지만 이런 감정에 투자 원칙이 망가져서는 안 됩니다. 처음 주식 투자를 시작하는 분들에게 마인드셋 트레이닝을 권하는 것도 이런 이유에서였습니다. 14일 동안의 트레이닝이 앞으로 투자하시는 데 좋은 지침이 되기를 바랍니다. 앞으로 모든 독자들의 투자에 좋은 성과가 있길 진심으로 바랍니다.

생각하기

1. 14일의 마인드셋 트레이닝을 마치며 드는 생각을 정리해 봅니다. 내가 왜 투자를 하고 싶은지, 현금 흐름을 갖고 싶은 이유가 무엇인지 초심으로 돌아가 마음을 정리합니다. 그리고 이제 우상향하는 자산을 위해서 행동으로 옮겨 봅시다.

✔ 에필로그

오랜 시간 투자를 해 보겠다고 생각만 해 오다가 이제는 정말로 행동으로 옮기려고 마음먹은 분들이라면 누구나 주변의 유혹에 한두 번쯤은 현혹된 적이 있으실 겁니다. 누구는 어디에 투자했다더라, 지금이 적기라더라 등등 온갖 악마의 유혹들이 난무하는 세상입니다. 너무나도 쉽게 다양한 정보를 얻을 수 있는 세상입니다. 저 역시 주변의 유혹이 너무나 많았습니다.

몇 번이나 넘어갈 뻔한 적도 있었고, 실제로 실패도 여러 번 겪었습니다. 그랬던 제가 어떻게 해서 매월 300만 원의 현금 흐름을 손에 넣고, 주식 투자 관련 1등 강사가 되었을까요? 사실 비법은 간단합니다. 투자의 대가라고 일컬어지는 투자가들의 책을 반복해서 읽고 그들과 같은 마인드셋을 만드는 것부터 시작했습니다.

다만 그들이 제시하는 투자법을 그대로 맹신하고 무조건 따라 하지 않았습니다. 그들이 어떠한 마음가짐으로 투자를 대하는지를 살폈고, 지향하는 태도를 배웠습니다. 한 번 읽고, 두 번 읽고, 세 번 읽다 보면 놓친 것들이 계속해서 새롭게 나타났습니다. 아무리 꼼꼼하게 읽고 분석하고 공부했다고 자부해도 두 번째, 세 번째에 새로운 깨달음이 또 나타나는 것이 참 신기했습니다.

주식 투자에 관심이 있는 분들이라면 책장에 관련 도서 한 권쯤은 꽂혀져 있을 겁니다. 언제 읽었는지, 무슨 내용이었는지도 기억나지 않는다면 다시 집어 들고 읽어 보세요. 책이 없다면 온라인 서점에 들어가 보세요. 퇴근 후 가까운 서점에 방문해 보세요. 그 어느 정보보다도 나의 통찰력을 일깨워 주는 귀한 책을 만나게 되실 겁니다.

그리고 신문을 읽으세요. 전문가들의 주관적인 의견도 좋지만 그보다는 믿을 만한 통계와 수치로 증명하는 사실만을 취하고, 나의 투자 경험을 쌓아 가야 합니다. 대중을 선동하는 유튜브를 끊으세요. 너무 극단적인가요? 심지어 투자 관련 유튜브를 운영하고 있는 제가 이런 말씀을 드리는 게 아이러니하게 느껴지실지도 모르겠습니다. 제가 여기서 언급하는 유튜브는 달콤한 사탕만 주겠다고 유혹하면서 무리한 투자를 부추기는 유튜브입니다. 싸고 좋기만 한 것은 세상 어디에도 없습니다.

여러분의 시간은 돈보다 귀중합니다. 만약 가짜 뉴스나 주변의 카더라에 속아 다른 길로 들어가셨다면 그래도 괜찮습니다. 지금 이 글을 읽는 순간을 기억하고 다시 원래대로 돌아오시면 됩니다. 〈돈, 뜨겁게 사랑하고 차갑게 다루어라〉의 저자인 앙드레 코스톨라니는 단기 투자자들을 향해 엄중하게 경고했습니다. 80여 년이 넘도록 증권계에 몸담아 온 저자는 장기적으로 성공한 단기 투자자를 단 한 번도 만나 본 적이 없으며, 그들에게 투자자라는 호칭을 쓰고 싶지도 않다고 단호하게 이야기합니다. 우리는 진짜 투자자가 되어야 합니다.

결국 투자는 내가 살아가는 삶의 태도와 맞닿아 있습니다. 내가 어떤 시선으로 세상을 바라보며 살아가느냐에 따라 투자도 내가 살아온 삶의 결을 함께합니다. 돈이라는 것은 수단이 되어야 합니다. 여러분이 꿈꾸는 목표가 아니라 그 목표를 이룰 수 있게 도와주는 수단으로써 매월 300만 원의 현금 흐름을 반드시 성취하시기를 바랍니다. 이 책을 읽어 주셔서 진심으로 감사합니다. 저와 함께하시는 모든 분들과 함께 우상향하는 삶을 꿈꾸고 응원합니다.